भारतीय भाषाओं में रामकथा
(तमिल भाषा)

प्रधान सम्पादक

डॉ. योगेन्द्र प्रताप सिंह

पूर्व प्रोफेसर तथा अध्यक्ष, हिन्दी विभाग

इलाहाबाद विश्वविद्यालय, इलाहाबाद

सम्पादक

डॉ. एम. शेषन्

परिकल्पना

डॉ. योगेन्द्र प्रताप सिंह

निदेशक, अयोध्या शोध संस्थान : तुलसी स्मारक भवन

अयोध्या, फैजाबाद (उ. प्र.)

वाणी प्रकाशन

वाणी प्रकाशन
4695, 21-ए, दरियागंज, नयी दिल्ली 110 002
शाखा
अशोक राजपथ, पटना 800 004
फ़ोन : +91 11 23273167 फ़ैक्स : +91 11 23275710
www.vaniprakashan.in
vaniprakashan@gmail.com
sales@vaniprakashan.in

In Association with

Ayodhya Shodh Sansthan
presents

BHARTIYA BHASHAON MAIN RAMKATHA : TAMIL BHASHA
Chief Editor : Dr. Yogendra Pratap Singh
Editor : Dr. M. Sheshan
Imagination : Dr. Yogendra Pratap Singh

ISBN : 978-93-5229-567-8
Religion/Culture

प्रथम संस्करण
मूल्य : ₹ 250

एस.के ऑफ़सेट, दिल्ली-110 095 में मुद्रित

वाणी प्रकाशन का लोगो मक़बूल फ़िदा हुसेन की कूची से

पुरोवाक्

तमिल भारत की प्राचीनतम भाषाओं में से है और उसका प्राचीन साहित्य परिमाण एवं गुणवत्ता दोनों दृष्टियों से भारत की दूसरी साहित्य-समृद्ध प्राचीनतम भाषा संस्कृत की टक्कर का है। ये दोनों ही भाषाएँ और उनका साहित्य शास्त्रीय भाषाओं (Classical Language) की कोटि में माना जाता है। भारतीय मानस के निर्माण में इन दोनों भाषाओं की वाग्धारा का महत्त्वपूर्ण योगदान निस्संदिग्ध है।

रामायण और महाभारत ये दोनों ग्रन्थ भारतीय साहित्य के मेरुदंड हैं और उन दोनों का गहरा प्रभाव समस्त भारतीय भाषाओं पर पड़ा है। प्राचीन तमिल साहित्य-संगमकालीन साहित्य में (ई. पू. 500 से ई. सन् 200 तक का काल) ही रामायण सम्बन्धी अनेक सूचनाएँ हमें प्राप्त होती हैं। फिर भी महाकवि कम्बन से पूर्व कोई व्यवस्थित रूप से लिखित रामकाव्य नहीं मिलता है, विविध कथा-प्रसंगों के छुटपुट अवश्य मिलते हैं जैसे बिड़ाल का रूप धारण करना, इन्द्र का अहल्या के पास पलायन एवं ऋषि गौतम के शाप से अहल्या का प्रस्तर खंड बनना, रावण द्वारा कैलासोत्तालन का असफल प्रयास, यज्ञ में सहायता कर राम का विश्वामित्र सहित मिथिला-प्रवेश तथा उसी समय सीता-राम का प्रथम दर्शन और परस्पर भावैक्य घटना और अनेक प्रसंग।

मगर यह निस्संकोच कहा जा सकता है कि रामकथा पर पहला व्यवस्थित और विस्तृत प्रयास महाकवि कम्बन ने ही किया और उसे पूर्णता तक पहुँचाया कि आगे कोई भी कवि इसके समतुल्य रामायण रचने का साहस न कर सका।

बारहवीं शताब्दी की इस रचना के आधार पर इस ग्रन्थ में तमिल-हिन्दी दोनों भाषाओं के साहित्य में ज्ञान प्राप्त हमारे हिन्दी-तमिल सेवी बन्धुओं ने कम्ब रामायण के विविध प्रसंगों पर अपना ध्यान केन्द्रित कर लेख प्रस्तुत किये हैं जिसके कारण प्रस्तुत ग्रन्थ तैयार करने में मैं समर्थ हो सका। विद्वान बन्धुओं से लेख लिखवाकर मँगवाने में पर्याप्त विलम्ब हुआ जिसके लिए ग्रन्थ सम्पादक के रूप में मैं क्षमा प्रार्थी हूँ।

तमिल साहित्यकारों, लेखकों, कवियों के मन को पता नहीं, अहल्या-शाप-विमोचन का मार्मिक प्रसंग क्यों अधिक छू गया जिसके कारण तमिल में कविता, कहानी, नाटक आदि अनेक रचनाएँ इस मार्मिक प्रसंग को लेकर लिखी गयी हैं। बात सही भी है क्योंकि भारतीय नारी की यह मानसिक पीड़ा और दुख ही तो है। इसी प्रकार माता सीता के जीवन को लेकर लिखे गये अनेक प्रसंग भी।

प्रस्तुत संकलन पूर्णतया कम्ब रामायण के अनेकानेक प्रसंगों को उजागर नहीं कर सका, यह अभाव मुझे खटकने लगा। पुस्तक के आकार की सीमा को ध्यान में रखते हुए मैंने अपना संकलन सीमित ही रखा है।

अयोध्या शोध संस्थान, फ़ैज़ाबाद, उत्तर प्रदेश सरकार के निदेशक श्री योगेन्द्र प्रताप जी का और इलाहाबाद विश्वविद्यालय के पूर्व हिन्दी विभागाध्यक्ष एवं प्रोफेसर डॉ. योगेन्द्र प्रताप सिंह जी, दोनों का मैं अत्यन्त आभारी हूँ कि उन्होंने इस महत्त्वपूर्ण अनुष्ठान के योग्य मुझे समझकर यह कार्य सौंपा।

वैसे मैंने वर्षों पूर्व तुलसीकृत रामचरितमानस का तमिल अनुवाद प्रस्तुत किया था, और तमिल प्रदेश के विद्वान एवं बुद्धिजीवियों ने मेरे अनुवाद को बहुत सराहा भी। इस प्रकार दोनों भाषाओं की रामायण का मेरा अध्ययन और अनुशीलन आज भी जारी है।

तुलसीदास और कम्ब के दृष्टिकोण में जो मूलभूत अन्तर मैंने पाया वह यह कि तुलसीदास मनुस्मृति पर अपार श्रद्धा रखते हैं और वर्णाश्रम धर्म पर भी। अपने युगीन सन्दर्भों और परिस्थितियों में उन्हें समाज के पुनर्गठन के निमित्त इन दोनों का आश्रय लेना ही उचित लगा। उत्तर भारत के राजनीतिक, सामाजिक एवं सांस्कृतिक परिवेश में उन्हें वही सही जँचा।

मगर कम्बन मनुस्मृति को नहीं मानते और वर्णाश्रम धर्म के तो वे कट्टर विरोधी लगते हैं। मनुष्य की उच्चता और नीचता की कसौटी उनके अपने-अपने निजी अच्छे-बुरे कर्मों को ही मानते हैं। उन्हें वही जँचता है। वाली-वध प्रसंग में इस विषय पर गम्भीर रूप से कम्बन का विचार विशेष रूप से ध्यातव्य है।

मैं पुनः अपने मित्र-बन्धुओं का आभार मानता हूँ कि जिन्होंने मेरे अनुरोध को स्वीकार कर लेख भेजे जिनके कारण प्रस्तुत ग्रन्थ का संकलन तैयार हो सका।

शेषन्

अनुक्रम

वर्तमान परिप्रेक्ष्य में रामकाव्य की उपादेयता

डॉ. एम. 'शेषन्'

गोस्वामी तुलसीदास को इस भारत भूमि में अवतरित हुए लगभग पाँच सौ वर्ष बीत गये। इस सुदीर्घ कालावधि में जाने कितने प्रिय-अप्रिय प्रसंग हमारे देश में घटित हुए। अनेक शासन बदले, अनेक आन्दोलन चलाये गये, समाज, संस्कृति और धर्म के क्षेत्र में कितनी नूतन उद्‍भावनाएँ प्रस्तावित हुईं, अनेक संस्कृतियों से हमारा सम्पर्क हुआ, विज्ञान की खोजों और आविष्कारों ने असंख्य चमत्कार दिखाये, विश्व के अनेक वैचारिक आन्दोलनों ने हमारी आस्तिक आस्था को चुनौती दी, आर्थिक, सामाजिक, राजनीतिक, धार्मिक और शैक्षिक क्षेत्रों में अनेक परिवर्तनों का प्रस्ताव किया गया। राजतन्त्रीय व्यवस्था से अब हम जनतन्त्रीय व्यवस्था में आ गये। किन्तु गोस्वामी जी की कृतियों की प्रासंगिकता और उपादेयता अक्षुण्ण बनी हुई है। यह ध्यान देने की बात है कि गोस्वामी जी के पश्चात् सामाजिक, सांस्कृतिक और धार्मिक स्तर पर जो भी आन्दोलन चलाये गये, उन सभी में किसी न किसी रूप में गोस्वामी जी की स्थापनाएँ कारणभूत हुईं। यहाँ तक राष्ट्रपिता महात्मा गाँधी ने भी जब अपने देश की आदर्श व्यवस्था पर विचार किया तो उन्हें भी रामराज्य की कल्पना ही सर्वाधिक परिपूर्ण और सार्थक लगी। गाँधीजी की रामराज्य की कल्पना गोस्वामी जी द्वारा वर्णित रामराज्य के आदर्श पर ही की गयी है। बड़े-बड़े तत्त्ववेत्ताओं, राजनेताओं, समाजसुधारकों, आस्तिक भक्तों में ही नहीं, उत्तर भारत के अशिक्षित किसानों और श्रमिकों में भी गोस्वामी जी की उक्तियाँ, जीवनशैली, शील, आचार के लिए मानक तत्त्व के रूप में उदाहृत की जाती हैं। किसी साधक भक्त या तत्त्ववेत्ता की प्रासंगिकता का इससे बढ़कर क्या प्रमाण हो सकता है?

तुलसीदास लोक के प्रति समर्पित रामभक्त और कवि शिरोमणि थे। रामकथा के माध्यम से वे लोक में नयी चेतना को उद्दीप्त कर आदर्श जीवनशैली की प्रतिष्ठा करना चाहते थे। जनमानस के समीप पहुँचने के उद्देश्य से ही उन्होंने लोकभाषा अवधी में रामकथा का प्रणयन किया। लोकमानस में राम के आदर्श को उतारने के लिए ही गोस्वामी जी ने रामलीला का मंचन कराया था। काशी के विभिन्न क्षेत्रों में अलग-अलग प्रसंगों को मंचित करके गोस्वामी जी ने रामकथा को जनता के समीप पहुँचाया। अखाड़ों की स्थापना करके राम और हनुमान की पूजा का विधान किया और इस प्रकार युवा शक्ति को संगठित करने का प्रयास किया।

गोस्वामी जी ने अपने समय के विशृंखलित समाज एवं अभावग्रस्त समाज को समीप से देखा था। अपने समय की सामाजिक विकृतियों और विसंगतियों के कारणों का बारीकी से अध्ययन किया। अभावग्रस्त और उपेक्षित लोकजीवन की व्यथा को उन्होंने जगह-जगह पर मानस में व्यक्त किया है। कलियुगवर्णन में लोकजीवन की त्रासद स्थितियों का वर्णन किया है। आर्थिक, सामाजिक, धार्मिक, राजनीतिक और सांस्कृतिक आधारों पर लोकजीवन को उन्नत बनाने के उद्देश्य से उन्होंने

राम के आदर्श को प्रस्तुत करके साम्यभाव की स्थापना का प्रयोग किया। 'मानस' द्वारा लोगों के सामने ऐसे जीवन आदर्श प्रस्तुत किये जिन्हें अपनाकर प्रत्येक देश और मानव समाज अपना कल्याण करने में समर्थ हो सकता है।

इधर समकालीन भारतीय परिदृश्य पर दृष्टिपात करने से हमारे मन में घोर निराशा ही व्याप्त होती है। आज़ादी के पश्चात् विगत पचास-पचपन वर्षों के भारत के चित्र को देखकर किस ईमानदार नागरिक को असन्तोष नहीं होगा। खिन्न मानसिकता से व्याप्त हम कभी-कभी यह सोचने के लिए मजबूर हो जाते हैं, क्या ये सब अनाचार, अनैतिक आचरण, अव्यवस्था तथा जीवन के उदात्त मूल्यों में गिरावट आदि से पीड़ित समाज के लिए ही आज़ादी की लड़ाई हमने लड़ी थी, क्या इसी के लिए हमने सबकुछ बलिदान किया था। राजसत्ता जब अपने और प्रजा के बीच नैतिक सम्बन्ध को समझकर उसकी उन्नति के लिए उत्तमोत्तम योजनाएँ बनाती है तभी देश या राष्ट्र का अभ्युदय होता है। वर्तमान राजनीति में येन-केन- प्रकारेण कुरसी को प्राप्त करने एवं उसे बनाये रखने के लिए जो नैतिक-अनैतिक हथकंडे अपनाये जा रहे हैं; चुनावों में धाँधलियाँ की जाती हैं, उसमें नैतिक अधःपतन तो हो ही रहा है, साथ ही शक्ति के दुरुपयोग के फलस्वरूप न कोई नीति रह गयी और न नियम ही, न मानमर्यादा का कोई मूल्य ही रह गया। शासक वर्ग के इस चरित्र हनन और पतन का प्रभाव आज के समाज पर, जनता के जीवन पर स्पष्ट परिलक्षित होता है। भ्रष्टाचार का इतना बोलबाला कि गरीब बेचारा कराहने लगता है। ऊपर के नेताओं से लेकर नीचे के साधारण चपरासी तक इस भ्रष्टाचार में आकंठ निमग्न हैं। कहीं कोई मर्यादा नहीं रह गयी है।

अपने युग की कुछ ऐसी ही स्थिति को देखकर गोस्वामी जी ने तत्कालीन राजाओं की क्रूरता और अनैतिक लापरवाही का वर्णन अपने दोहे में किया है। जिस सामाजिक व्यथाबोध की अभिव्यक्ति

गोस्वामी जी की कृति में हुई है, आज की स्थितियाँ उससे भिन्न नहीं हैं, इसलिए उनके द्वारा सुझाये हुए मार्ग भी पूर्णतया प्रासंगिक हैं। उनकी लोकसम्पृक्ति आज भी हमारे लिए पूर्णतया अनुकरणीय है।

आज भी उत्तर भारत का जनमानस उनकी वाणी को आप्त कथन के रूप में स्वीकार करता है और जीवन की समस्याओं का समाधान उन्हें आधार बनाकर खोजता है। आश्चर्य इस बात का है कि पढ़ी-लिखी जनता ही नहीं, अपढ़ ग्रामीण मज़दूर किसान भी गोस्वामी जी की पंक्तियों को, सर्वस्वीकृत सूक्तियों अथवा लोकोक्तियों के रूप में प्रयुक्त करते हैं। यह लोकप्रियता गोस्वामी जी की लोकसम्पृक्ति का ही परिणाम है। सभी वर्गों के लोग निष्ठापूर्वक उनका उपयोग करते हैं। उत्तर भारत में चाहे रामलीला हो या रामचरितमानस का प्रवचन, हज़ारों की संख्या में लोग उपस्थित होते हैं और गोस्वामी जी द्वारा प्रणीत रामकथा का विभोर होकर आस्वाद करते हैं। गयाना, सुरीनाम, त्रिनिडाड, डरबन जैसे देशों में भारतीय बँधुआ मज़दूर ही गये थे। छुट्टियों के दिन किसी वृक्ष की छाया में बैठकर लोग रामचरितमानस का सामूहिक पाठ करते हैं। आज भी लोग वहाँ मानस का सस्वर पाठ करते हैं। वे बँधुआ मज़दूर पढ़े-लिखे लोग नहीं थे। ये गाँवों के अनपढ़ और अभावग्रस्त मज़दूर, किसान थे। रामचरितमानस हज़ारों मील दूर भारतीय मूल के लोगों में संजीवनी शक्ति भर रहा है। गयाना, सुरीनाम, त्रिनिडाड ही नहीं, फ़िजी, मारिशस, टोरंटो आदि स्थानों पर बसे भारतीय प्रवासियों में रामचरितमानस की प्रतियाँ पूज्य भाव से रखी गयी हैं। लोकजीवन में गोस्वामी जी की यह व्याप्ति मुझ जैसे दक्षिण भारतीय अहिन्दी प्रदेश के व्यक्ति के लिए आश्चर्यजनक है।

मानवीय सम्बन्ध

किसी समाज का अथवा राष्ट्र का आदर्श संगठन उसके सदस्यों के परस्पर सम्बन्धों पर निर्भर करता

है। इन सम्बन्धों पर ही भौतिक, सांस्कृतिक और आध्यात्मिक विकास की स्थितियाँ अवलम्बित रहती हैं। गोस्वामी जी ने अपने रामचरितमानस में मानवीय सम्बन्धों के हर सम्भव स्वरूप के आदर्श को प्रस्तुत किया है। माता-पिता, भाई-भाई, गुरु-शिष्य, स्वामी-सेवक, पति-पत्नी, राजा-प्रजा, गृहस्थ, ऋषि-मुनि आदि के सम्बन्धों के आदर्श स्वरूप का निरूपण रामचरितमानस में बड़ी सफलता से हुआ है। राजा-प्रजा के सम्बन्धों का सुन्दर वर्णन वनगमन के प्रसंग में चित्रित है। केवट के प्रति राम का अनुग्रह, निषाद के साथ मैत्रीपूर्ण व्यवहार, अपरिचित ग्रामवासियों की राम के प्रति प्रीति-प्रतीति, संवेदनशील हृदय की उदात्त स्थिति का द्योतन करते हैं। चित्रकूट-प्रसंग की सभा में प्रेम, त्याग, न्यायनिष्ठा, कर्तव्य, कर्तव्यनिष्ठा, संवेदनशीलता आदि पर आधारित मानवीय सम्बन्धों का जो बहुआयामी परिदृश्य प्रस्तुत हुआ है, वह अन्यत्र दुर्लभ है। ऋषियों के प्रति राम का सेवाभाव, शबरी की भक्ति, जटायु के प्रति राम की कृतज्ञता, सुग्रीव, विभीषण के साथ मैत्री निर्वाह, हनुमान, अंगद, जामवन्त, नल-नील आदि से राम के आत्मीय व्यवहार में मानवीय संवेदना का उदात्त रूप प्रमाणित होता है।

गोस्वामी जी ने अपने सभी ग्रन्थों में मानवीय सम्बन्धों के उन्हीं रूपों को बलपूर्वक रेखांकित किया है जो मानव के सर्वांगीण उत्थान के लिए उपकारक हैं। राम, तत्कालीन समाज में व्याप्त अन्याय, आतंक, अत्याचार और उत्पीड़न को मिटाने के लिए प्रतिबद्ध हैं। वे सुग्रीव और विभीषण को राज्य देकर उनसे किसी भी प्रकार की अपेक्षा नहीं करते। असीम शक्ति और पौरुष से समृद्ध होने पर भी साम्राज्यवादी नीति को नहीं अपनाते। वे मानवतावाद के सर्वोत्तम उदाहरण हैं। विश्व बन्धुत्व और विश्व परिवार की परिकल्पना को सार्थक करने के लिए गोस्वामी जी के सिद्धान्त आज भी हमारा दिशा दर्शन कराएँगे। राम के आदर्श चरित्र द्वारा गोस्वामी जी ने जिस धर्म अथवा आदर्श जीवनशैली को हमारे सामने प्रस्तुत किया है वह प्रत्येक देश अथवा राष्ट्र के सामुदायिक विकास के लिए अनुकरणीय है। आज की पतनशील स्थिति में तो वह और भी प्रासंगिक, उपादेय और मूल्यवान बन गयी है। साम्प्रदायिक संघर्षों को मिटाने, समाज को संगठित करने, भारतीय संस्कृति को बचाने, भारतीय जन मानस में आत्म विश्वास जगाने और राष्ट्रीय अस्मिता को उद्बुद्ध करने के लिए उन्होंने जो वैचारिक क्रान्ति की उसका आज के प्रसंग में विशेष महत्त्व है। उन्होंने मनुष्य के आचरण को ही उसकी उच्चता या न्यूनता का मानक माना। आज भी हम अपनी समस्या का समाधान रामचरितमानस में ढूँढ़ते हैं। आचार्य रामचन्द्र शुक्ल जी के अनुसार अपने दृष्टि विस्तार के कारण ही तुलसीदास जी उत्तरी भारत की समग्र जनता के हृदय मन्दिर में पूर्ण प्रेम प्रतिष्ठा के साथ विराजमान हैं। इस प्रकार रामचरितमानस भारतीय संस्कृति, भारतीय वाङ्मय और भारतीय मनीषा का मेरुदण्ड है।

उनकी कृतियाँ आज के समाज के लिए परम उपादेय, भक्ति, ज्ञान और कर्म का महान शास्त्र होने के साथ मानवता का महान सन्देश देने वाली सन्देश वाहिका भी हैं। तुलसी ने लोकहित को अपने काव्य में अधिक महत्त्व दिया है। मानव कल्याण के लिए युग-युग में जिन तत्त्वों की आवश्यकता हो सकती है, उन्हें हम इसमें एकत्र समन्वित पाते हैं।

वस्तुतः तुलसी का दृष्टिकोण महान व्यापक, उदार और विश्वजनीन था। वे मानव जाति के शुभचिन्तक और महान देशभक्त रहे। महान ईश्वर भक्त, उत्कृष्ट कोटि के ज्ञानवान और एक युगान्तरकारी कवि तो थे ही, उनकी कृतियाँ आज के समाज के लिए परम उपादेय, भक्ति, ज्ञान और कर्म का महान शास्त्र होने के साथ मानवता का महान सन्देश देने वाली सन्देशवाहिका भी हैं। तुलसी ने लोकहित को अपने काव्य में अधिक महत्त्व दिया है। मानव कल्याण के लिए युग-युग में जिन तत्त्वों की आवश्यकता हो सकती है, उन्हें हम इसमें एकत्रित पाते हैं।

कम्ब रामायण में स्थानीय रंगत

डॉ. एम. शेषन्

संस्कृत में जो ख्याति वाल्मीकिकृत रामायण को, हिन्दी में जो अपार सम्मान तुलसीकृत रामचरित मानस को है, तमिल में लगभग वही ख्याति कम्बनकृत रामायण को है। भारतीय भाषाओं में रामायणों की विशेषता यह है कि उनमें महामानव राम की पावनगाथा भाषा-विशेष के आकाश-वातास और माटी की सोंधी सुगन्ध में रच-पच कर प्रस्तुत की गयी है। इस कारण वह अधिक लोकग्राह्य हुई है, लोक के लिए वह बहुत अपनी हो गयी है। अपने इस आलेख में मैं कम्ब रामायण में प्राप्त स्थानीय रंगत (local color) का विवरण प्रस्तुत करना पसन्द करूँगा।

प्रारम्भ में कम्बन कोशल राज्य के नाम पर पानी भरे भूखण्ड का वर्णन करते हैं। वह तो तमिल प्रदेश का ही हो सकता है।

"बलिष्ठ बैलों से हल जोतने वाले किसानों की गम्भीर ललकार से कमल के नाट टूटकर गिर जाते हैं, सीप मुँह खोलकर रो उठते हैं।"

"सीता के चलने पर सखियाँ आगे-आगे पुष्प बिखेरती जाती हैं। यह चरण स्तुति पुरानी तमिल प्रथा है।"

"तमिल प्रथा के अनुसार बड़ों से बात करते समय मुँह पर हथेली रख ली जाती है। सुमन्त्र राम से बात करते समय ऐसा करते हैं।"

हमारे यहाँ सुन्दरी नारी को तिलक कहा जाता है। रावण सीता को यह सम्बोधन देता है।

तमिल प्रदेश में शायद गरमी से बचने के लिए झूलों का अधिक प्रयोग होता है। कम्ब रामायण में यह दृश्य पाया जाता है।

सुन्दरी स्त्रियों के शरीर से स्वेद-प्रवाह का वर्णन भी सम्भवतः उष्ण जलवायु के कारण है। (हो सकता है कि स्वेद सात्त्विक अनुभव हो।)

तमिल के प्राचीन साहित्य की परम्परा के अनुसार कम्ब रामायण में भी युवतियों के स्तनों पर फैले—दागों—'तेमल' का वर्णन है, राम सीता के ऐसे स्तनों का वर्णन करते हैं।

भोज्य पदार्थों में वहाँ के तीन श्रेष्ठ फलों—आम, कटहल और केला का प्रचुर प्रयोग है। भोजन के पश्चात् मट्ठा पीने का वर्णन है—"भोजनान्ते तक्रम्"।

कम्बन के काल में कलिंग देश की चादर का विशेष प्रचार रहा होगा। कोशल देश की वेश्याओं को जुए में दाँव पर लगाते दिखाया गया है।

विवाह के अवसर पर वर द्वारा वधू के गले में 'ताली' (मंगलसूत्र) पहनाने का उल्लेख है। प्राचीन काल में तमिल प्रदेश में पहले प्रेमी शिकार किये गये बाघ आदि के ताँत अपनी प्रेमिका को भेंट

करता था। दाँतों जैसी आकृति का यह आभूषण उसी का प्रतीक है।

तमिलनाडु के ग्रामांचलों का विशेष मनोरंजन—साँड़-युद्ध और भेड़ा-युद्ध भी कम्ब रामायण में स्थान पा चुके हैं। उत्तर भारत में लोगों की धारणा है कि कुक्कुड़-युद्ध लखनऊ के नवाबों का शौक था, मगर कम्ब रामायण में इसका वर्णन प्राप्त है। इससे ज्ञात होता है कि मुर्गों की टाँगों में छोटी-छोटी पैनी छुरियाँ बाँध दी जाती थीं, जिससे वे एक-दूसरे पर चोट करते हुए घनघोर युद्ध करते थे। गुह, निषाद और उसके सैनिकों का वर्णन करते समय कवि अपने प्रदेश की किसी वनजाति का वर्णन कर रहा है।

वह जाँघिया पहने हैं, कटि से लाल रंग का चर्म झूल रहा है। हाथों पर बड़े-बड़े रोम हैं। रंग तेल लगाये जाने पर अन्धकार जैसा है। कटि में खून से रंगी कटार लटक रही है। उन्मत्त की तरह असम्बद्ध वचन बोल रहा है। मांस-मछली खाने के कारण मुख से दुर्गन्ध निकल रही है। बिना क्रोध के भी उसकी आँखों से चिनगारियाँ-सी छूट रही हैं।

कम्ब रामायण में मछुआ युवतियाँ आँखें बन्द कर बालू पर रेखाएँ खींचकर शकुन विचार करती हैं कि मछली पकड़ने गये उसके पति सकुशल तो लौट आएँगे, किन्तु उनके आँसुओं से वे रेखाएँ मिट जाती हैं।

चरित्र-चित्रण भी अनुपम है। कम्बन के राम सर्वगुण सम्पन्न हैं। वे एक ऐसे लोकप्रिय शासक हैं कि जब गुरु वसिष्ठ उनके सिर पर राजमुकुट रखते हैं तो एक-एक जन ऐसा अनुभव करता है मानो उसी का अभिषेक हुआ है। शासक से ऐसी आत्मीयता श्लाघ्य है।

साहित्यिक व्यक्तित्त्व कालिदास के बाद सबसे अधिक समृद्ध उधर कम्ब रामायण काव्य रस और संस्कृति का महासागर है जिसमें जितना गहरा पैठा जाए उतना ही उसके नवनव मुक्ताओं की आभा सहृदयों का हर्षविह्वल और विस्मय-विजडित करने में समर्थ है।

कम्ब रामायण के लोकतत्त्व

तमिल में महाकवि कम्बन को लोकजीवन का बड़ा व्यापक अनुभव था। उन्होंने तमिल के लोकजीवन का बड़ा सुन्दर चित्रण किया है।

वे एक स्थान पर कटाई का क्रम बताते हैं। धान की फसल को काटकर बालों के छोटे-छोटे पूले बाँधकर चावल निकालने के लिए पहले उन्हें पीटा जाता था। इसे 'कट्टू विडुतल' (बाँधकर पीटना) कहते थे। पीटने से बचे हुए चावलों को निकालने के लिए धान की बालों को फैलाकर बैलों से दायँ चलाई जाती थी। इसे 'कडाविडुत्तल' कहते थे। फिर चावल को संग्रह कर भगवान और ब्राह्मणों को अर्पित कर ग्राम में स्थित अन्यवर्णों एवं श्रमजीवियों (बढ़ई, लुहार, नाई, धोबी आदि) का अंश दिया जाता था। इसके अतिरिक्त उस भूभाग में स्थित धार्मिक संस्थानों—जैसे मन्दिर, मठ, धर्मशाला आदि को भी एक अंश दिया जाता था। बाद में कृषक अवशिष्ट चावल को अपने घर ले जाते थे। तमिलनाडु के सामाजिक जीवन में लगभग यही क्रम आज भी प्रचलित रहा है। इस परम्परा का पालन युगों से हो रहा है।

कवि ने वन भूभाग के लोकजीवन की एक झाँकी ग्वालों के जीवन क्रम के रूप में प्रस्तुत की है। सायंकाल के समय ग्वाले अपनी बाँसुरी से विशिष्ट संकेत (कुरि) बजाकर गायों को घर लौटने की प्रेरणा देते तुलनीय है : 'नाम समेतं कृतसंकेतम् वादयते मृदुवेणुम' (गीतगोविन्दम् 5/2) गोचारण भूमि से लौटते समय ग्वालों की लाठियाँ (कोल्) पर पुष्पमाला लिपटी रहती। गायों के झुण्ड के मध्य

अकसर विशाल साँड़ (माल्विडै) भी चलते दीख पड़ते। वर्षाकाल में ग्वाले लताओं से आवृत्त अत्युन्नत पर छोटे-छोटे पत्तोंवाले वृक्षों के नीचे बकरियों के बच्चों को गोद में लिये पड़े रहते। अपने सुन्दर करों को हिलाती हुई ग्वालिनें धवल गाढ़े दही को ज़ोर-ज़ोर से मथती थीं। उस समय रह-रहकर मथनी का शब्द गूँज उठता। उनकी कलाइयों में पड़े शंख के नक्काशीदार सफ़ेद कंगन बज उठते और पतली कमर आगे-पीछे हिलती हुई लचक उठती।

सागर तटीय भूभाग के जीवन से सम्बद्ध एक चित्र इस प्रकार है : 'काम संकेतों से अनभिज्ञ भोली-भाली तथा काली आँखोंवाली मछुआरे की बालिकाएँ सागरतट से मोतियों को अपने छोटे-छोटे सूपों में भर लातीं और अपने घर के सामने बैठकर उनसे घरौंदे बनातीं। केकड़ों को खानेवाली पंचमजाति की युवतियाँ (कडै नव्वियर) सारस के अण्डे भी खाती थीं। केकड़ों को खोजते हुए उन्हें जब अति धवल शंखों से उत्पन्न मोती दीख पड़ते तो मूल से उन्हें चित्तियों वाले सारस पक्षियों के अण्डे समझकर खाने के लिए कछुओं की (कठोर) पीठ पर, फोड़ने लगतीं।'

कवि को पर्वत प्रदेश के लोकजीवन के वर्णन में विशेष रुचि है। उन्होंने इसके अनेक रम्य एवं वैविध्यपूर्ण चित्र अंकित किये हैं। चन्द्रशैल की प्राकृतिक शोभा का वर्णन करते हुए कवि कहते हैं : "उस पर्वत के मध्यभाग में आम्र के नवकिसलय सदृश शोभा छिटकाते स्वर्ण की परते हैं। दोनों पार्श्वों में हरिण, हाथी, सर्प आदि जन्तु विचरण करते तथा सुन्दरियों की भुजाओं से सादृश्य रखनेवाले बाँस, पुन्नाग आदि वृक्ष लगे हैं। वहाँ जब चारे की खोज में बड़े-बड़े पहाड़ी सर्प संचरण करते हैं तो उनके रेंगने से ऊँचे बाँस जड़ से उखड़कर गिर पड़ते हैं। जंगली गायों के भागने से धूल उड़ने लगती है। वहाँ के झरने मुक्ता सदृश जल से आपूरित हो, बड़ा शब्द करते हुए वेग पूर्वक बहते हैं। वह पर्वत सघन कदली वृक्षों से भरा पड़ा है जो वृक्ष देवांगनाओं के ऊरुओं की समता करते हैं। वहाँ की ललनाएँ किन्नरों द्वारा गाये गीतों की-सी मिठास से किन्नर नामक वीणा विशेष बजाती हैं। मत्तगजों के मद जल का प्रवाह आम, बाँस, साल जैसे विशाल वृक्षों को उखाड़ता हुआ वह चलता है। दूसरी ओर पहाड़ी नदियों में जल पीने के लिए पहाड़ी बकरे तथा अन्य मृग (जंगली पशु) जाते हुए दीख पड़ते हैं। बलिष्ठ गज जब उस पर्वत के जलाशयों में डुबकी लगाते हैं तो तट पर स्थित छायादार वृक्ष एवं सरोवर की कमल लताएँ विध्वस्त हो जाती हैं। उग्र सिंह वहाँ संचरण करते हैं। घने वनों से आच्छादित उस पर्वत पर जब देवबालाएँ विश्राम करती हैं तो भ्रमर उनके केशों पर आनन्दपूर्वक बैठे रहते हैं। उस पर्वत के शिखरों पर मेघपंक्तियाँ आकर टिकती हैं, निचले भाग में पुष्पावलियाँ आभा छिटकाती हैं। अतः यह पर्वत अपने वक्ष पर लक्ष्मी को धारण किये भगवान विष्णु की शोभा पाता है। इस पृष्ठभूमि में पर्वतीय लोकजीवन का चित्रण करते हुए वे कहते हैं कि पर्वतीय लोग कन्द मूल खोदकर निकालने का मौसम आने पर विविध आनद्ध बाध (ढील, परह आदि) बजाकर इसकी सूचना देते हैं। इस वाद्य-घोष का एक उद्देश्य कदाचित हिंस्र पशुओं को भगाना भी रहता है। वाद्य बजाते ही काली पहाड़ी अंगनाएँ कन्दमूल (किलंगु) खोदने निकल पड़ती हैं। अन्यत्र ये पर्वतीय स्त्रियों के शरीर का वर्ण आम्र किसलय सदृश बताते हैं। ये नारियाँ सुपारी के मृथुपर्ण (Spathe) सदृश अपने केशपाश में वनमाला धारण करती हैं। पहाड़ी लोग 'कोल्लि' नामक राग सुनते सुनते 'कवलै' कन्द खोदते हैं। वे 'तांडगम्' नामक छोटा परह बजाकर पक्षियों को उड़ाते हैं जिससे कि वे कोदों के खेतों में न घुसें। पहाड़ी प्रदेश की उपज के रूप में कवि ने पहाड़ी धान (ऐवनम्), ज्वार (इरुङ्गु), कोदों (तिणै), सेम (अवरै) और कोमल बासमती चावल (मूंगिल अरिसि) का उल्लेख किया है। पहाड़ी स्थानों पर दूर-दूर से पानी लाने के लिए मशकों (तुरुत्ति = चमड़े की थैली) का प्रयोग किया जाता था। पर्वतीय जीवन के वर्णन क्रम में ही कवि ने पर्णशाला के विभिन्न अंगों का भी उल्लेख किया है।"

तमिल लक्षण ग्रन्थों ने पर्वत प्रदेश के निवासियों को आखेटक (वेट्टुवन) माना है। कवि ने तमिल आखेटक का एक सजीवचित्र गुह के रूप में वर्णन अंकित किया है। वे कहते हैं कि, 'वह अपने बड़े-बड़े पैरों में चमड़े की चप्पल' (शेरुप्पु) बाँधे था। वह पुंजीभूत अन्धकार सदृश वर्णमाला, पर्वत सदृश पुष्ट कन्धोंवाला एवं धनुष धारण करने वाला था। उसके साथ कुत्ते थे एवं परह वाद्य बज रहे थे। वह जाँघिया पहने था। जिस पर कटि से लाल चर्म लटक रहा था तथा उसने व्याघ्रपुच्छ को कमरबन्द की तरह लपेटकर वस्त्रों को कसकर बाँध रखा था। वह दाँतों की माला जैसी लगने वाली कौड़ियों की माला धारण किए था। उसके केश ऐसे लग रहे थे मानो अन्धकार को पुंजीभूत कर बाँध दिया गया हो। उसने दानों भरी धान की बाली को अपने केशों में खोंस रखा था। उसकी भौंहें 'आळि' नामक साग के सूखकर सिकुड़े फल की सिकुडों सदृश थी। उसकी कलाइयों पर ताड़ के देशों जैसे सघन, काले, कड़े और मोटे रोयें थे। उसका विशाल वक्ष शिला-सदृश था तथा रंग तेल-चुपड़े अन्धकार सदृश था। रक्त के धब्बों से युक्त उसकी कटार कमर की पेटी में बँधी थी। उसकी दृष्टि अपनी भयंकरता से विषैले सर्प को कँपाने वाली थी। वह उन्मत्त सदृश असम्बद्ध वचन बोलता था। मांस-मछली के निरन्तर सेवन से उसके मुख से दुर्गन्ध निकल रही थी। उसके मुँह पर हँसी का नाम न था। बिना क्रोध ही उसके नेत्रों से चिनगारियाँ-सी निकलती प्रतीत होती थीं। उसकी कंठध्वनि यमराज को भी डराने वाली थी।

गुह ने राम से अपने यहाँ के जीवन-यापन के साधनों का वर्णन इन शब्दों में किया है : "हमारे यहाँ मधु प्रभूत मात्रा में उपलब्ध है, धान की बहुलता है, सुस्वादु मांस है। विहार के लिए वन हैं और स्नान के लिए गंगा। पहनने के लिए चर्म वस्त्र हैं, शयन के लिए मचान एवं निवास के लिए छोटे-छोटे कुटीर। शीघ्र गमन के लिए हमारे चरण हैं और विघ्नकारियों को मारने के लिए धनुष धारण करने वाले हमारे हाथ।" एक स्थान पर कवि ने वर्षाकाल में सुगन्धित लकड़ियों से बने झोंपड़ों में धवल दन्तवाली व्याध स्त्रियों को अपने पतियों के साथ सुखपूर्वक निद्रामग्न दिखाया है।

तमिल लक्षण ग्रन्थों ने हाथी को मुख्यतः पर्वत प्रदेश का प्राणी माना है। यद्यपि कभी-कभी वह मरुप्रदेश से भी सम्बद्ध बताया गया है। अतः उसका वर्णन मुख्यतः पर्वत प्रदेश की कविताओं में मिलता है। महाकवि कम्बन ने इसका वर्णन प्रदेश में ही किया है तथा उसके स्वभाव आदि के सम्बन्ध में बड़ी गम्भीर अनभिज्ञता प्रकट की है। हाथियों को पकड़ने की प्रायः दो पंक्तियाँ प्रचलित हैं—गड्ढा पद्धति और खेड्डा पद्धति। गड्ढा पद्धति के अनुसार हाथियों के निश्चित गमन मार्ग पर एक बहुत विशाल और गहरा गड्ढा खोदकर तथा उसे घास फूस से ढ़ककर ठोस भूमितल का भ्रम उत्पन्न किया जाता है। हाथी उस ओर से निकलने पर गड्ढे में गिरकर फँस जाते हैं। फिर उन्हें भूखा रखकर दुर्बल करके मोटी शृंखलाओं से बाँधकर पालतू हाथियों की सहायता से वशीभूत किया जाता है।

खेड्डा पद्धति में जंगल के एक खुले एवं विस्तृत भूभाग को मजबूत बाड़े से घेरा जाता है और उसमें एक विशाल द्वार खुला छोड़ दिया जाता है। तब ढोल आदि वाद्यों एवं मुख से भारी शोरगुल मचाकर हाथियों को भयभीत करके एवं सब ओर से घेरकर उस बाड़े में प्रविष्ट कराया जाता है। तत्पश्चात पालतू हाथियों एवं कुशल महावतों की सहायता से उन्हें धीरे-धीरे वशीभूत किया जाता है। इनमें से गड्ढा पद्धति में हाथियों को गम्भीर चोटें लगने का भय रहने के कारण आजकल खेड्डा पद्धति ही अधिक पसन्द की जाती है।

कम्बन ने गड्ढा पद्धति का ही उल्लेख किया है, जिससे लगता है कि उनके समय में यही प्रचलित थी। कवि इस पद्धति से हाथी फँसाये जाने का वर्णन करते हुए कहते हैं : "पर्वतों के बीच अरण्यों में जंगली हाथियों को फँसाने वाले वीर शिकारी गहरी खाइयाँ खोदकर उनमें हाथियों के

झुण्ड को बच्चों वाली हथिनियों से अलग करके फँसा लेते हैं और जब वे उनमत्त हाथियों को सुदृढ़ शृंखलाओं से बाँधने लगते हैं तो वहाँ विकट कोलाहल होता है।'' गड्ढे में गिरने से लगने वाली चोट का उल्लेख कवि ने इन शब्दों में किया है : ''बड़ी पीड़ा से शिथिल होकर पड़ा हुआ वह वाली एक बड़े गड्ढे में गिरे हुए बलवान मत्तगज के समान था।''

मत्तगजों को पर्वत सदृश आकारवाला बताते हुए कवि ने उन्हें जिविध भद जल वाला कहा है। हाथियों की आँखें छोटी होती हैं (शिरुकण्)। हाथियों के मस्तक के बाल शूल या वराह-दन्त सदृश कड़े और नुकीले होते हैं तथा उनका वर्ण लाल होता है। हाथियों के मस्तक पर ईंगुर का तिलक लगाकर घंटियों की माला पीठ पर डाल दी जाती थी जो चलते समय मधुरनाद करती थी। जब वे सरोवर में घुसकर जलक्रीड़ा करते तो सरोवर मथित हो उठता। हाथी की मदमस्त प्रकृति का वर्णन करते हुए कवि कहते हैं : ''काले-काले मत्तगज महावतों के संकेतों को न मानकर और दोनों ओर खड़े अपने जातिवाले हाथियों द्वारा बाहर निकलने के लिए प्रेरित किये जाने पर भी बेपरवाही से जलाशयों में ही पड़े रहते हैं।''

हाथी प्रायः दूसरे हाथी के मदजल की गन्ध से भड़क उठता है। इसका वर्णन करते हुए कवि कहते हैं कि ''जंगली हाथी की गन्ध पाकर सेना का हाथी क्रुद्ध हो उठा और उसकी खोज में निकल पड़ा। वह अंकुश से आहत होकर भी उसकी परवाह न करता हुआ मेघ जैसा गरजता हुआ वनगज के मार्ग का अनुसरण करता वायुवेग से चल पड़ा और रास्ते में पड़ने वाले प्राणियों को कुचलता चला। फलतः गिद्ध पक्षी झुण्ड बाँधकर उसके पीछे-पीछे उड़े।'' पुष्पित सप्तवर्ण से इस्तिमद की-सी गन्ध निकलती है। यह एक प्राकृतिक व्यापार है। अतः उससे भड़ककर एक हाथी अपने को दबाने वाले अंकुश को झटके से दूर हटाकर मद गन्ध की दिशा में दौड़ पड़ा और पुष्पों से लदे उस वृक्ष को उखाड़कर अपने अगले पैरों से रौंदकर चूर-चूर कर दिया। हाथियों का झुण्ड चलते समय सदैव हथिनियों और बच्चों को अपने मध्य में लेकर व्यूहबद्ध रूप में चलता है। इसका उल्लेख करते हुए कवि कहते हैं कि ''असंख्य गज अपने मध्य सिन्दूरांक्ति चमकीले ललाटवाली हथिनियों एवं हस्तिशावकों को लिये, झुण्ड बनाये खड़े थे।'' पुनः हाथियों की मदमत्तता का वर्णन करते हुए कम्बन कहते हैं कि ''झरने के समान मद धारा प्रवाहित करने वाले मत्तगज अंकुश का नाम सुनते ही नेत्रों से कोपाग्नि उगलने लगते हैं और पर्वतों को अपना प्रतिद्वन्द्वी समझ कर उनसे टकरा जाते हैं; बड़े-बड़े वृक्षों को तोड़कर गिरा देते हैं या कभी उन्हें रगड़ते हुए निकल जाते हैं। वे ऐसे चलते हैं मानो कोई नदी-प्रवाह हो। मदोन्मत्त हाथी लोहे के अंकुश को भी तोड़ डालता है। हथिनी को देखकर हाथी अकसर मस्त होकर अपनी सूँड़ उसकी ओर बढ़ा देता है। ऐसी स्थिति में हथिनी पर बैठी सवारियाँ भयभीत हो उठती हैं।

हाथी जल क्रीड़ा का बड़ा शौकीन होता है। बड़े-बड़े जलाशयों को देखते ही वह महावत के अनुशासन को न मानकर उनमें उतर पड़ता है। तब महावत लोग कमान से हवा जैसे तेज चलने वाले पत्थर या मिट्टी के ढेले (उण्डै) खींचकर मारते हैं पर वह उन चोटों की परवाह न कर अपने कुम्भ और दाँतों को निकाले खड़ा रहता है। यहाँ कवि ने धनुष से गोले फेंके जाने की बात कही है। सम्भवतः कम्बन के युग में ऐसा ही रहा हो। सामान्यतः पत्थर या कंकड़ी आदि गुलेल (Sling) से ही फेंके जाते हैं। कभी-कभी हाथी महावत के अंकुश उठाते ही बिगड़कर भाग पड़ता तो लोगों में भगदड़ मच जाती। हाथी के मदजल पर भौंरे मँडराने का भी कवि ने उल्लेख किया है। कुशल महावत क्रुद्ध हाथियों को मीठी बोली बोलकर निपुणता से वश में लाते थे। वस्तुतः पशुओं में हाथी बहुत बुद्धिमान माना जाता है और प्रिय-अप्रिय वचनों को अच्छी तरह समझता है। एक बार किसी के प्रति वैर उत्पन्न हो जाय तो बदला लिये बिना नहीं छोड़ता। उसका संकेत कवि ने हाथी का 'वैर

उत्पन्न करने वाला कोप' कहकर दिया है। नये पकड़कर लाये गये हाथियों की उन्मत्तता को शान्त करने के लिए महावत लोग स्वरचित गीत गाकर सुनाते थे। हाथी संगीत का बड़ा प्रेमी होता है। वीणा वादन द्वारा उदयन के हाथी पकड़ने का आख्यान प्रसिद्ध है। महावत द्वारा अवसरों पर प्रयुक्त शब्दों का अधिक स्पष्टीकरण करते हुए विद्वान लिखते हैं : "महावतों के पास सामान्यतः कुछ चुनी हुई शब्दावली रहती है जिसका प्रयोग वे हाथियों को प्रशिक्षित करते समय करते थे। ये शब्द प्रायः संस्कृत या हिन्दुस्तानी भाषाओं के होते थे। (The elephant in the Tamil Land, P. 54) लगता है कि प्रशिक्षित करने की कला का विकास उत्तर भारत में हुआ था।"

आहार में हाथी को गन्ने के अतिरिक्त शहद बहुत प्रिय है। इसके लिए वह अपने बाहर निकले दोनों बड़े दाँतों से मधुचक्र फोड़ देता है। हाथी को हथिनी से बहुत लगाव होता है। वह उसके प्रति अपने प्रेम को अनेक प्रकार से प्रकट करता है। उसका वर्णन कवि ने इस प्रकार किया है : "दीर्घ दन्तवाले गज, अपनी ताल वृक्ष सदृश सूँड़ों को बढ़ाकर ऊँचाई पर स्थित कान्तिपूर्ण वृक्षों की ऊँची शाखाओं को पत्तों सहित तोड़कर अपनी प्राण समान सुकुमार हथिनियों को देते हैं। हथिनियों या हाथियों के मस्तक पर सिन्दूर या ईंगुर का तिलक भी लगाया जाता था। हाथियों के मस्तक पर अलंकरण के रूप में मुखपट्ट (औडै) भी बाँधा जाता था जो सोने या चाँदी के कवच जैसा होता था। हाथी के गले में एक छोटी-सी रस्सी डाले रखते थे इसलिए कम्बन ने 'कंठरज्जुकयुक्त हस्ती' का बार-बार उल्लेख किया है। इस रस्सी (पुरशै) का उद्देश्य यह था कि महावत उसमें अपने दोनों पैर फँसा ले जिससे हाथी के उठते-बैठते या चलते-फिरते समय महावत के गिरने का डर न रहे।"

कम्बन ने लोकजीवन के अन्य बहुत से पक्षों का भी वर्णन किया है। उदाहरणार्थ बड़ी संख्या में चीजों को गिनते समय भूल न होने देने के लिए प्रत्येक सौ या हज़ार की गिनती पर एक घुँघची (कळर् चिक्काय) रखते जाने की प्रथा थी। उसे 'उरै' कहते थे। बड़े आदमियों के दरबान आदि किस प्रकार कालयापन करते थे इसका एक रोचक संकेत कवि ने इन्द्रजीत के द्वारपालकों के रूप में दिया है। उनके अनुसार वे बैठे हुए आपस में 'मुदुरै' (कहावत) पेरुम्कथै (आख्यान) एवं पुदिर (कूट, पहेली, बुझौअल) आदि सुनाकर परस्पर मनोरंजन करते रहते थे। भ्रमर का कान के पास आकर गुनगुनाना प्रिय से समाचार प्राप्ति का सूचक माना जाता था। हिन्दी प्रदेश में कौए का काँव-काँव करते हुए आँगन में आकर बैठना किसी प्रिय जन के आगमन की पूर्व सूचना माना जाता है। तमिल प्रदेश में भी यह लोक विश्वास विद्यमान है। कम्बन ने इस लोक विश्वास का भी उल्लेख किया है कि चोल देश और चेर देश (मलैनाडु) की सीमा पर ताम्रपर्णी नदी के उद्गम के पार्श्वस्थ भू प्रदेश में कुछ जीवन मुक्त महात्मा (सिद्ध पुरुष) गुप्त रूप से निवास करते हैं । कहते हैं कि कभी-कभी उनका दर्शन भी किसी को हो जाता है। इसी प्रकार यह भी जन विश्वास है कि अगरत्यऋषि आज भी पोदिय मलै पर निवास करते हैं। इसीलिए कवि ने इस पर्वत को 'पोदिय मलै' के अर्थ में 'मुनिका निरन्तर आवास भूत' कहा है।

कवि का प्रकृति और लोकजीवन का पर्यवेक्षण बड़ा ही व्यापक एवं गहन था। उनके काव्य में इस प्रकार के अगणित उल्लेख भरे पड़े हैं जिनसे उनके व्यापक लोकजीवन का परिचय मिलता है। एक स्थान पर वे 'पैंगिली' (हरियल, हरीतोता) का उल्लेख करते हैं जो पञ्च वर्ण-क्-किळि (पंच रंगी पंखों वाले तोते) से भिन्न होता है। अन्यत्र वे मोर को इन्द्र गोप (बीरबहूटी) नामक कीट का रुचि पूर्वक आहार करने वाला बताते हैं। नागों को फटी जीभ वाले कहकर वे छोटे से छोटे ब्यौरों को भी किस प्रकार सूक्ष्मता से देखते थे, यह सुप्रमाणित करते हैं। सचमुच कम्बन की रामायण प्रकृति और लोकजीवन के ज्ञान का भंडार है।

कम्बन के राम

श्रीमती (डॉ.) तंगम शेषन्

वाल्मीकि के आदि काव्य में वे श्रेष्ठ पुरुष के लिए आवश्यक षोडस गुणों का चित्रण करते हुए उसमें सबसे श्रेष्ठ गुण के रूप में शील को प्रमुख गुण के रूप में माना। यद्यपि वे वीरगुणों से सम्पन्न थे, सत्यसन्ध और धर्मात्मा पुरुष अवश्य थे। इतने सद्गुणों से सम्पन्न होने के बावजूद कम्बन उसे शीलवान के रूप में सम्मान्य पुरुष के रूप में अपने काव्य भर में चित्रित करते हैं।

वाल्मीकि अपने आदि काव्य में श्रेष्ठ पुरुष के रूप में षोडस गुणों को मानते हैं। उनमें सबसे श्रेष्ठ गुण के रूप में शीलगुण को प्रमुखता देते हैं। शीलगुण माने बड़ी है। संयत में रहने वाले लोगों द्वारा अपने से निम्न हैसियत में रहने वालों के प्रति प्रेम प्रदर्शित कर उन्हें भी अपने समान मानकर अपनाना ही शीलता है। राम इस प्रकार के शीलगुण सम्पन्न पुरुष हैं। दशरथ चक्रवर्ती के सुपुत्र के रूप में अवतरित होकर छोटी उम्र में ही सबकी भलाई, सबका हित चाहने वाले थे राम। यही शीलगुण, बाद में, गंगा नदी तट पर गुह से, किष्किन्धा के सुग्रीव से, बाद में अपने सम्पर्क में आने वाले सभी पात्रों के साथ प्रेम प्रदर्शित करने के कारण ही वे उत्तम पुरुष और शीलवान माने जाते हैं। गुह ठहरा निम्नजाति का शिकारी, आखेटक। उसका काम गंगा नदी पार करनेवालों के लिए नैया चलाना। गुह यही कार्य करता है। राम जब लक्ष्मण और सीता सहित वन मार्ग में चलते समय गंगा नदी तट पर पहुँचते हैं, प्रेम के आधिक्य के कारण वह अपनी हैसियत भूलकर राम से विनती करता है कि यहाँ मधु है, मधु के साथ खाने के लिए स्वादिष्ट मांस भी है, आपकी सहायता के लिए मैं तो हूँ, क्रीड़ा करने के लिए वन हैं, स्नान के लिए गंगा नदी है, और क्या चाहिए। आप लोग यहीं मेरे साथ रहिए, मैं आपके साथ रहूँगा, राम से बड़े स्नेहपूर्वक विनती करता है। गुहनिषाद के इस भोलेपन संयुक्त प्रेम को देखकर रामजी का हृदय पसीज जाता है। वे द्रवीभूत हो जाते हैं, प्रेम के वशीभूत हो जाते हैं। उनके मन में यह विचार उठता है कि लक्ष्मण, भरत, शत्रुघ्न इन तीनों भाई के साथ यहाँ जो मेरे सम्मुख विनतीपूर्वक, स्नेहपूर्वक खड़ा है वह मेरा चौथा भाई है।

என்னுயிர் அனையாய் நீ இளவல் உன் இளையான்;
நன்னுதல் அவள் நின் கேள்; நளிர் கடல் நிலம் எல்லாம்
உன்னுடையது, நான் உன் தொழில் உரிமையில் உள்ளேன்.

कहकर उसे प्रसन्न करते हैं और खुद भी प्रसन्न हो जाते हैं। इस शीलगुण को हम कम्ब रामायण के अनेक प्रसंगों में देख सकते हैं। आगे देखिए—किष्किन्धा में एक वानरवीर सुग्रीव राम जी का

अनुज हो जाता है। श्रीलंका के राक्षसकुल के राजा के अनुज विभीषण भी राम जी के छठे भाई हो जाते हैं, अनुज हो जाते हैं। कम्बन की उक्ति यहाँ बहुत मार्मिक है :

குகனொடும் ஐவர் ஆனோம் முன்பு, பின் குன்று சூழ்வான்
மகனொடும் அறுவர் ஆனோம், எம்முழை அன்பின் வந்த
அகன் அமர் காதல் ஐய! நின்னொடும் எழுவர் ஆனோம்
புகல் அரும் கானம் தந்து புதல்வரால் பொலிந்தான் நுந்தை.

अद्‌भुत शील का यहाँ पूरा रूप ही हमारे सम्मुख प्रकट हो जाता है। राम आदर्श पुत्र तो हैं, अच्छे पति भी हैं, आदर्श राज भी हैं तथा सर्वगुण सम्पन्न उत्तम पुरुष के रूप में चित्रित हैं। पिताजी द्वारा राज्यभार स्वीकारने की इच्छा प्रकट करने पर भी वे राजा के गौरव के प्रति इच्छा प्रकट नहीं करते, फिर बाद में उसकी निन्दा भी नहीं करते। अपने कर्तव्य को समझकर राजा की आज्ञा को शिरोधार्य कर उसे ही नीति और धर्म समझकर विनम्रता पूर्वक दशरथ की आज्ञा को मन में स्वीकार करते हैं। दूसरे ही दिन मन्थरा के षड्‌यन्त्र से कैकेयी के हठ पर वनवास की आज्ञा देने पर पिता और माता की आज्ञा को शिरोधार्य कर शान्तिमन से उसे स्वीकार करते हैं। मैं बड़ा भाग्यवान हूँ—माता-पिता का आज्ञाकारी पुत्र के रूप में इसी भावना से प्रेरित होकर वनवास के लिए सन्नद्ध हो जाते हैं। इस स्थल पर कवि चक्रवर्ती कम्बन अद्‌भुत शीलगुणों से सम्पन्न राम के मुख कमल की ओर निहारते हैं। उस कठिन परिस्थिति में भी पुरसन्न मुख से युक्त राम के मुख को देखकर प्रसन्नचित्त होते हैं। कविता उनकी कलम से, नहीं नहीं मन से फूट पड़ती है। तमिल भाषा में ही उसे समझकर अनुभूति प्राप्त करना ही उचित होगा।

यह बात प्रसिद्ध है कि राम एक पत्नी व्रतधारी पुरुष थे। बहुत समझा बुझाकर कहने पर भी सीताजी राम के साथ वनवास के लिए तैयार हो जाती है। अनेक संकटों और आफ़तों का सामना करना पड़ेगा यह जानकर भी सीताजी को अपने साथ ले चलते हैं। वन में भी सीता के हठ के कारण राम मारीच नामक मायावी हिरण का पीछा करता है। इस कारण सीता का अपहरण हो जाता है। यह दुर्घटना होनी ही थी। बाद में सीताजी की खोज में लंका पहुँचकर रावण का वध कर सीता को वहाँ से छुड़ाकर अयोध्या ले आते हैं।

इस महापुरुष राम को विधि के खेल में अपार विश्वास है। विधि को कौन जीत सकता है— "வஞ்சின விதியினை வெல்ல வல்லோமோ" कहकर अपने उद्विग्न मन को सान्त्वना देता है। कम्बन अपने काव्य में अनेक स्थलों पर विधि की शक्ति को प्रकट करते हैं। राम को राज्य नहीं दिया जा रहा है, भरत ही राज्य का अधिकारी बनेगा इसे जानकर जब लक्ष्मण कुपित होकर क्रोध के वशीभूत होकर भड़क उठता है तो उस कठिन मानसिक परिस्थिति में भी शान्तचित्त से अनुज लक्ष्मण के प्रति कहे उनके वचन को कम्बन की तमिल में ही सुनना उचित होगा।

"நதியின் பிழை அன்று நறும் புனல் இன்மை; அற்றே
பதியின் பிழை அன்று பயந்து நமைப் புரந்தாள்
மதியின் பிழை அன்று; மகன் பிழை அன்று; அமைந்த!
விதியின் பிழை; நீ இதற்கு என்கொல் வெகுண்டது!."

और किसको दोष दिया जा सकता है, केवल भाग्य को ही दोष देना उचित होगा। लक्ष्मण को सान्त्वना देकर उसके क्रोध को शान्त करते हैं शीलवान राम जी। मनुष जन्म लेने पर चक्रवर्ती का पुत्र होते हुए भी विधि के प्रभाव को कौन रोक सकता है? विधि की इस प्रबल शक्ति पर राम का अपार विश्वास यहाँ प्रकट होता है।

राम के शासन की सुन्दरता के बारे में कहने के लिए कम्बन को अपने काव्य में अवसर प्राप्त नहीं हुआ क्योंकि काव्य राज्याभिषेक महोत्सव के साथ पूर्ण हो जाता है। मगर रामराज्य कैसे रहा होगा इसकी कल्पना पाठक कर सकें इसके लिए कवि कम्बन हमारी सहायता करते हैं। राम राज्य की कल्पना की कवि की एक झाँकी यहाँ हम थोड़े में प्रस्तुत करते हैं। धर्म समन्वित राज्य होने के कारण वहाँ ऊँच-नीच का भेदभाव बिलकुल नहीं रहा। राम के रामराज्य में गरीबी बिल्कुल न रहने के कारण गरीबी-अमीरी का भेदभाव भी नहीं है। युद्ध करने वाले कोई भी नहीं रहने से वीरता बिलकुल नहीं रही। असत्य भाषण करने वाले न रहने से सत्य भाषण करने वाले कोई नहीं हैं। सभी शिक्षित होने से बुद्धिकुशल लोगों का समूह वहाँ नहीं है, सब के सब बुद्धिकुशल, शिक्षित रहे। चोरी करने वाले चोर ही नहीं रहने से पहरेदारों की कोई आवश्यकता ही नहीं रही। देने वाले दान को स्वीकार करने के लिए वहाँ कोई भिखारी ही नहीं रहने से दानी ही नहीं हैं। आज का सोशलिज्म का समाज—समाजवादी समाज वहाँ कायम रहा।

"கல்லாது நிற்பார் பிறர் இன்மையின், கல்வி முற்ற
வல்லாரும் இல்லை, அவை வல்லர் அல்லாரும் இல்லை
எல்லோரும் எல்லாப் பெருஞ் செல்வமும் எய்தலாலே
இல்லாரும் இல்லை உடையார்களும் இல்லை மாதோ!"

रामराज्य इसी प्रकार रहा होगा इसकी कल्पना कवि कम्बन करते हैं। बड़ी अद्‌भुत कल्पना तो है ही। सन्त वल्लुवर अपने तिरुक्कुरल में इस संसार में किस प्रकार का उत्तम जीवन जीना होगा इसका सही मार्ग हमें दिखाते हैं। तिरुक्कुरल नीति काव्य की अपेक्षा वह एक आदर्श जीवन-दर्शन का काव्य है। उस वल्लुवर के दिखाये या बताये मार्ग पर चलने वाले आदर्श पुरुष हैं राम जी। सचमुच रामचन्द्र जी हमारे जीवन के आदर्श पुरुषोत्तम हैं। कम्बन के कुशल हाथों में काव्य का सौष्ठव हमारे मन को मोह लेता है।

आधुनिक तमिल साहित्य पर रामायण का प्रभाव

डॉ. एम. शेषन्

भारतीय साहित्य में रामायण और महाभारत इन दो प्रबन्ध-काव्यों ने आधुनिक भारतीय भाषाओं को जितना अधिक प्रभावित किया है उतना और ग्रन्थों ने नहीं। तमिल द्रविड़ भाषा परिवार की अति प्राचीन साहित्य पर रामायण का प्रभाव परिलक्षित है। अति प्राचीन संघ कालीन काव्यों में राम-कथा के प्रसंग प्राप्त हैं। संघ साहित्य के 'पुरनानूरु', 'कलित्तोकाप', 'मदुरैक्कांची' आदि काव्य-कृतियों में तथा द्वितीय शताब्दी में कवि इळंगो रचित तमिल के प्रथम प्रबन्ध-काव्य 'शिलप्पदिकारम्' और परवर्ती प्रबन्ध रचना 'मणिमेखलै' आदि काव्य-ग्रन्थों में राम-कथा के प्रसंगों की चर्चा प्राप्त है। परवर्ती भक्ति-युग में वैष्णव-भक्त आळ्वार तथा शैव-नायनमारों ने अपने भाव-भीनी प्रगीतों में राम के प्रति अपनी अपार भक्ति प्रकट की है। तत्पश्चात् दसवीं शताब्दी में तमिल के सुप्रसिद्ध महाकवि कम्बन ने दस हज़ार पाँच सौ छन्दों के माध्यम से राम-कथा को विस्तार देकर 'इरामावतारम्' प्रबन्ध काव्य-ग्रन्थ का प्रणयन किया जो तमिल भाषा का गौरव-ग्रन्थ माना जाता है।

अठारहवीं शताब्दी में अरुणाचल कविरायरकृत 'रामनाटकम्' एक उल्लेखनीय रचना है जिसमें राम-कथा गये पदों में बतायी गयी है। इनके कई गीत आज भी प्रचलित हैं और बड़े-बड़े संगीतकार मंच पर इन गीतों को गाने में गौरव का अनुभव करते हैं। इसके अतिरिक्त तमिल प्रदेश में कृषकों के बीच 'पव्ळु' लोकगीत प्रचलित है। इस 'पव्ळु' लोकगीतों में राम-कथा की कतिपय घटनाओं की चर्चा हुई है। एक-दो 'पव्ळलु' लोकगीतों का उदाहरण नीचे प्रस्तुत किया जाता है :

''कादलित्तु तम्बियुड़न्
सीतै पोरट्टाल-अन्द्रु
कड़लेरि पोनान् उंगळ कण्णन्।''

× × ×

''वरान् पळिक्कुव्ळाय् तवसि
पोल मरैन्दु निन्द्र
वालियैक् कोन्ट्रोन''

उन्नीसवीं शताब्दी के उत्तरार्द्ध में सन्त रामलिंग स्वामी ने 'श्रीराम नाम तिरुपदिकम्' नामक भक्ति-ग्रन्थ में राम-कथा का वर्णन करते हुए उसकी स्तुति गायी है। उन्नीसवीं शताब्दी में वी. सुब्रह्मण्य अय्यर नामक कवि ने कम्ब रामायण के 'विरुत्तम्' छन्द (वृत्त-छन्द) की जगह पर 'वेण्बा' (तमिल का छन्द-विशेष) छन्द में सम्पूर्ण राम-कथा को विस्तार दिया है।

बीसवीं शती जीवन और जगत के प्रति परम्परा से प्राप्त आस्थाओं एवं विश्वासों का

संक्रान्तिकाल है। जीवन के निश्चित और उदात्त आदर्श, जीवन से सन्तुष्ट कवियों का सुलझाइआ व्यक्तित्त्व, समन्वय शील सामाजिक एवं सांस्कृतिक परिस्थितियाँ, सुनिश्चित एवं सुनिर्धारित काव्य-परिपाटी, रसवादी-दृष्टिकोण इत्यादि के कारण प्राचीन काव्य का मूल्यांकन सुबोध रहा। परन्तु आधुनिक समकालीन जीवन परिस्थितियों की उलझन, जटिलताएँ एवं उससे प्रभावित व्यक्ति-मन की उलझन समकालीन कविता को एक नया आयाम देती है।

कविता

आधुनिक काल के कविता में विषय तथा शैली-शिल्प के अतिरिक्त जीवन को देखने-परखने की दृष्टि में परिवर्तन दृष्टिगोचर होने लगा। फलस्वरूप प्राचीन काव्यकृतियों के पात्रों को नवीन दृष्टिकोण से देखने-समझने तथा चित्रित करने की रीति अपनायी गयी।

सन् 1946 में पुलवर कुळन्दै द्वारा रचित 'रावण-महाकाव्य' इस दृष्टि से एक उल्लेखनीय काव्यकृति है। पाँच सर्गों तथा 3100 छन्दों में विस्तृत इस प्रबन्ध काव्य में आर्य संस्कृति और द्रविड़ संस्कृति के संघर्ष को प्रमुख रूप से उभारा गया है और इस पृष्ठभूमि में रावण की महत्ता प्रतिपादित करने का प्रयास हुआ है।

तमिल के राष्ट्रकवि सुब्रह्मण्य भारती के शिष्य कवि भारतीदासन् ने अपने एक छन्द में लिखा था:

''तेन्द्रिसैयै पार्किन्द्रेन ऐन सेय्वेन् एन्ड्रान्
चिन्तैयेल्लाम्, तोळकळेल्लाम् पूरिक्कुतड़ा।''

अर्थात् दक्षिण दिशा पर जब दृष्टिपात करता हूँ तो मेरा चित्त और मेरे कन्धे दोनों मारे प्रसन्नता के फूल उठते हैं।

कवि के मतानुसार कवि पुंगव वाल्मीकि से लेकर कम्बन तक सभी कवियों ने रावण के अवगुणों एवं कृत्यों का चित्रण कर उसे दूषित किया है, बदनाम किया है। मगर कवि के अनुसार रावण वास्तव में द्रविड़ सभ्यता और संस्कृति का पोषक एवं संवर्द्धक रहा है। अतः उनके सद्गुण, सत्कार्य एवं सदुर्दृश्य का चित्रण कर राम के दोषों पर प्रकाश डाला गया है। इस प्रकार यह रामायण का विलोम है।

इस काव्य के सृजन की पृष्ठभूमि इस प्रकार है

तमिलनाडु में सन् तीसों में जोरों से चले स्वाभिमान-आन्दोलन के अनुसार तमिल सभ्यता एवं संस्कृति की रक्षा करने की बड़ी आवश्यकता इसीलिए पड़ी कि रामायण, महाभारत जैसे महाकाव्यों द्वारा आर्य संस्कृति और सभ्यता की श्रेष्ठता और उन्नता को रेखांकित किया गया है। वे कहा करते थे कि रामायण न तो कोई ऐतिहासिक कृति है, और न ही राम कोई चक्रवर्ती थे और सीता कोई वास्तविक पटरानी थी। यह तो एक निरी काल्पनिक कथा-काव्य है। रामायण-काल में दो भिन्न संस्कृतियों के बीच घोर संघर्ष चल रहा था। इस संघर्ष के फलस्वरूप आर्य संस्कृति ने अति प्राचीन द्रविड़ संस्कृति पर अपना प्रभुत्व डाला। इस प्रकार रामायण आर्य संस्कृति के प्रचार का काव्य है। कवि कुळन्दै ने अपने विचारों के समर्थन में दिवंगत पंडित जवाहरलाल नेहरू जी का हवाला देकर स्पष्ट किया है कि रामायण द्रविड़ सभ्यता और संस्कृति के ऊपर आर्य संस्कृति की महत्ता प्रतिपादित करने वाली रचना है।

कवि ने महाकाव्य में रावण को देवता न मानकर द्रविड़ सभ्यता एवं संस्कृति के पोषक और संवर्द्धक के रूप में चित्रित किया है। ऐसा करने का उनका उद्देश्य यह है कि तमिल भाषा, तमिल जाति एवं जनता जागृत हों और अपनी तन्द्रिल अवस्था को झाड़कर उठ खड़े हो जाएँ तथा स्वाभिमान

के साथ अपनी द्रविड़ सभ्यता का पोषण और संवर्द्धन करें। इस प्रकार युगों-युगों से जन-मानस में रामायण के प्रति जो आस्था और विश्वास रहा है उसे निर्मूल कर रावण की न्यायप्रियता, सखी वीरता एवं प्रजावत्सलता को प्रतिपादित करना रहा है।

चरित्रांकन में कवि ने रावण को राक्षस के रूप में न स्वीकारा है और न ही दुराचारी के रूप में। वह तो तमिल जाति का नेतृत्व करता है, और उनके उत्थान के लिए अपना प्राण-त्याग करने वाला बलिदानी व्यक्तित्त्व रखता है। राम केवल वनवास के निमित्त ही नहीं आया; वरन् तमिल प्रदेश में आर्य सभ्यता और संस्कृति को जबरदस्ती से थोपने आया था। उन्होंने प्राचीन द्रविड़ सभ्यता, संस्कृति का नाश कर उनका अपमान किया। आर्य भाषा संस्कृत को तमिल प्रदेश में लादकर तमिल भाषा की पवित्रता और शुद्धता को कलुषित किया। इस प्रकार एक विशिष्ट उद्देश्य एवं विशेष दृष्टिकोण को लेकर इस काव्य का प्रणयन हुआ।

कल्लिकै

सन् 1984 में कवि ज्ञानी द्वारा रचित यह एक खंड-काव्य है। रामायण की अहल्या शाप-मोचन की कथा ने युगों से, भारतीय कवियों, कथाकारों की दृष्टि को आकृष्ट किया है। आधुनिक काल में लेखकों ने इस कथा को अपनी कल्पना, दृष्टिकोण तथा मनोभावना के अनुरूप चित्रित करने का प्रयास क्रिया है। कवि ज्ञानी ने मार्क्सवादी दृष्टिकोण से इस अहल्या की कथा को, मानव की स्वतन्त्रता की कथा के रूप में काव्यबद्ध किया है।

इस विचार-प्रधान काव्य में श्रम और सवत्व दोनों पार्थक्य, स्वामित्व एवं दासता की दशा, शरीर तथा मन में पार्थक्य की स्थिति, पुरुष एवं नारी के रूप में मानव की खण्डित स्थिति पर गम्भीरता से विचार किया गया है। इस काव्य में महर्षि गौतम परिश्रम से दूर रहने वाले, जीवन की घड़ियों को बरबाद करने वाले ब्राह्मण ऋषियों के प्रतिनिधि के रूप में चित्रित हैं। उल्टे देवराज इन्द्र तो श्रमिकों के प्रतिनिधि के रूप में चित्रित हैं। इन्द्र के बारे में अहल्या का निम्न विचार द्रष्टव्य है :

> **''पृथ्वी खोद लोह लेकर**
> **नदी जल से सिंचाई कर**
> **बैलों को हल में जोतकर**
> **बीज बोकर फसल पैदाकर**
> **कपड़े बुनकर आभूषण सजाकर**
> **घर बसाकर अद्‌भुत नगरी निर्मित कर**
> **सम्पत्ति जोड़ते देवेन्द्र पर**
> **व्यंग्य बाण छोड़ते हैं।''**

कवि ने इस खंड-काव्य में अहल्या को प्रताड़ित, अपमानित, सताई हुई नारी जाति के प्रतिनिधि के रूप में चित्रित कर, उसके मानसिक घुटन का मार्मिक वर्णन प्रस्तुत किया है। अपने पति गौतम के बारे में अहल्या का विचार है :

> **''मन्त्रा अरों को मुँह के अन्दर चबाते हुए**
> **यज्ञाग्नि में हृदय को सेंककर**
> **शरीर-पिंजड़े को प्राण-रस्सी से कसकर**
> **खींचते चलने वाला मशीन है, मशीन॥''**

गौतम के साथ चलाये दाम्पत्य जीवन के कटु अनुभवों का उल्लेख स्वयं अहल्या वर्णन करती है। ये कटु जीवनानुभव सभी धर्म पत्नियों के भी अनुभव हैं। पुरुष सत्तात्मक समाज में नारी का क्या अस्तित्त्व है?

पति भी कैसा? अहल्या के शब्दों में सुनें :

तपस्या की फसल को मन रूपी मस्त हाथी जब नष्ट करे
तो अपने शरीर-सुख के निमित्त मेरे शरीर-पर्वत पर चढ़ेगा
वह भी रात्रि की प्रथम पहर में हक से न आकर
अर्द्ध रात्री की वेला में चोर की भाँति आकर
मेरी सम्मति माँगेगा?...नहीं तो....
शरीर-पर्वत पर चढ़कर
नाग-सर्प की भाँति मुँह फुलाकर
एकाध बार फुस-फुसाकर
विष-बीज को शरीर में छिटककर, उतरने पर
भागकर मन-गुपच के अन्दर फिर छिप जाएगा
सुबह...
वेदोच्चारण में डूब जाएगा।''

ऐसी मनोदशा में बार-बार उठनेवाली इच्छा रूपी आँधी में फँसकर अपने मांसल शरीर को किसी भी कुत्ते के सामने फेंक देने को वह तैयार हो जाती है।

परिश्रम की उपेक्षा करने वाले ऋषि-मुनियों तथा परिश्रम पर बल देने वाले देवराज इन्द्र इन दोनों के मानसिक अन्तर्द्वन्द्व का वह उल्लेख करती है। देवराज इन्द्र अहल्या के मन को अपनी ओर आकृष्ट कर उसे शारीरिक सुख देता है। गौतम को देख भाग खड़े हुए इन्द्रराज पर ऋषि शाप की अग्नि बरसाते हैं। शाप के नाम पर

''कमजोर मन-धरती से
आक्रोश-धूली को''

फेंका था जिससे अहल्या को घृणा थी। शारीरिक सम्भोग कर सुख पाने पर भी अहल्या के मन की भावना को न समझ पाने की भूल करने वाले 'शोषक इन्द्रराज' को वह फटकारती है।

समस्त भुवन को अपनानेवाला देवराज इन्द्र एक ऋषि तथा 'अहंब्रह्मास्मि' कहने वाला ब्रह्म ऋषि दूसरी ओर इन दोनों के बीच कुचली गयी अबला नारी अहल्या। एक ओर मुनि पुंगव गौतम तथा दूसरी ओर देवराज इन्द्र इन दोनों के 'क्रूर कृत्यों' को स्पष्ट करने वाला यह खंड-काव्य समकालीन बोध को समझाता है और मार्क्सवादी दृष्टि से रचित है। मन का उद्धार चाहने वाले गौतम ऋषि के शरीर को नकार दिया और शारीरिक भोग के इच्छुक देवराज ने नारी के मन की कोमल भावनाओं का समुचित आदर नहीं किया। अहल्या जहाँ दासी बनने से इनकार करती वहाँ सत्ताधारी बनने से रह गयी, अतः पत्थर ही बनी दंडित हुई।

काव्य के अन्त में अहल्या निराशाजनित वेदना व्यक्त करती है कि भविष्य में सत्ताधार और दास का भेदभाव मिटने पर, इच्छा और ज्ञान के मिलने पर, शरीर और मन के समागम की वेला में मैं पुनर्जन्म लेकर आऊँगी, मुझे अपनी शाप-मुक्ति का पूरा भरोसा है।

'कल्लिकै' के उपर्युक्त विश्लेषण से स्पष्ट है कि कवि ने इसे आधुनिकता की दृष्टि से परखा।

इसमें कल्पना नवीन है, समसामयिक बोध-युक्त इस कविता का अपना महत्त्व है। काव्य में नारी-मुक्ति का स्वर ऊँचा है।

एक अन्य कवि साधु. सु. योगी ने भी 'अहल्या' पर काव्य लिखा है जिसमें कवि ने अहल्या पर अपनी कवि-सुलभ संवेदना और करुणा प्रदर्शित की है। साथ ही नारी की दयनीय दशा से उसे मुक्त करने की छटपटाहट उसमें प्रदर्शित है।

मु. मेत्ता की 'ओरु कल्लिन् कथैयुम् कवियिन् विमरिसनयुम्' (1980) (एक प्रस्तर खंड की कथा तथा कवि की आलोचना) समकालीन व्यंग्य-बोध से युक्त कविता है। कवि का कथन है :

''नये राम
इस धरती पर आवें
पहले उनके
चरण यहाँ पड़े
पत्थर बने
इसके मन पर।''

आगे कवि का कहना है :

जहाँ भी चाहे रहने दें अन्धकार को
एक न एक दिन प्रकाश की किरणजाल
उसे लात मारकर भगायेगी
जहाँ भी चाहे रहने दे अन्धकार को
मगर कभी न स्थान देना
तेरे मन के भीतर।

चिर्पि, बालसुब्रह्मण्यम् ने अपनी 'अहलिकै इन्नुम्, कात्तिरुक्किराळ' (अहल्या अब भी प्रतीक्षा में है) व्यंग्य-परक कविता में साभाजिक बन्धनों में जकड़ी आधुनिक नारी-मुक्ति को उभारते हैं। शापग्रसित आधुनिक अहल्याएँ शापमुक्त होने की प्रतीक्षा में पत्थर बनी खड़ी आधुनिक नारी का चित्रण करते हैं।

रामायण की अन्य घटनाओं की अपेक्षा अहल्या की कथा ने समसामयिक तमिल कवियों का ध्यान आकृष्ट किया है। इसी कारण से इस एक घटना पर कई छोटी-बड़ी कविताएँ लिखी गयीं।

कहानी

यह आश्चर्य की बात है कि कहानी की विधा में भी रामायण की अहल्या शाप-मोचन की कथा ने तमिल के कहानीकारों का ध्यान अधिक आकृष्ट किया है। तमिल कहानी के प्रेमचन्द माने जाने वाले मुदुमै पित्तन् ने सन् 1932 में 'शाप विमोचनम्' नामक कहानी की रचना की। इस कहानी में अहल्या, कैकेयी एवं सीता इन तीनों नारी पात्रों की मनःस्थितियों का विश्लेषण हुआ है। कहानीकार के मत में मनुष्य यदि शिला के रूप में बदल सकता है तो क्यों नहीं पत्थर भी कुछ समय के लिए मनुष्य न बन सके! इसमें रामायण कालीन इन नारी पात्रों को नई दृष्टि से देखने-परखने का प्रयास किया है।

कहानी के आरम्भ में राम के चरण स्पर्श मात्र से अहल्या की मुक्ति हो जाती है। मगर ऋषि गौतम का साहस नहीं हुआ कि वह निष्कलंक होकर उससे बात कर सके। उस दिन उसे वीरांगना कह रोष प्रकट किया, आज उनकी जीभ जल गयी है। क्या बोले? कैसे बोले? इस मानसिक उलझन में पड़े दोनों पति-पत्नी खड़े के खड़े ही रहे। ''क्या मैं अब गौतम के योग्य हूँ?'' यह अहल्या का संशय था। ''क्या मैं अहल्या के योग्य हूँ?'' यह गौतम मुनि की चिन्ता थी। जीवन ही नरक-सा

लगने लगा। मारे पश्चात्ताप के अहल्या गड़ी जा रही थी।

बाद में गौतम का मन बदल गया। स्वेच्छा से तथा अपनी प्रज्ञा से समझकर किया गया कार्य ही कलंकित होता है। अब उन्हें अहल्या निष्कलंक लगी। मगर शाप-मुक्ति होने पर भी पाप-मुक्ति नहीं मिली। आश्रम की अन्य ऋषि-पत्नियों की व्यंग्योक्तियों ने अहल्या के मन को छलनी बना दिया।

गौतम के आश्रम में आये कैकेयी से भेंट होने पर वार्तालाप के सिलसिले में भरत की चर्चा छिड़ जाती है। कैकेयी कहती है कि "भरत धर्म की सुनता है, वसिष्ठ की बात नहीं मानेगा।" तब अहल्या झट से कहती है कि मानव के अधीन जो धर्म नहीं है वह मानव जाति के लिए शत्रु है। कहानीकार बाद में सीता से अहल्या की भेंट कराते हैं। सीता ने अहल्या से अग्निप्रवेश की बात कही। यह सुनकर अहल्या का मन तड़प उठा। उसके मन में क्रोध का उन्माद छा गया। सीता से बिफ़र पड़ी "उसने आदेश दिया बौर" तूने उसे पालन किया? अपने लिए अहल्या सोचने लगी कि अपने लिए एक न्याय और दूसरों के लिए एक और न्याय? इसका मतलब यह है कि ऋषि गौतम का शाप न्यायसंगत था।

कु.पु. राजगोपालन ने भी अहल्या की कथा को लेकर उस पर हुए अन्याय का विरोध तीव्र शब्दों में किया और नारी के प्रति संवेदना प्रदर्शित की। जयकान्तन की बहुचर्चित कहानी 'अग्नि प्रवेशम्' की कथावस्तु यद्यपि समसामयिक जीवन पर आधारित है फिर भी समकालीन नारी को अपनी पवित्रता साबित करने के लिए अग्नि प्रवेश से होकर गुजरना ही पड़ता है। कहानीकार अनिच्छा से किये गये शारीरिक पाप को 'पाप' नहीं स्वीकार करता क्योंकि उस कृत्य में मन की चेतना साथ नहीं देती थी। मु. कदिरेसन् चेट्टियार ने 'सुलोचना' कहानी लिखी जिसमें नारी की चेतना को जागृति की नयी उद्‌भावना हुई है।

उपन्यास

एम.एस. त्यागराजन ने 'लक्ष्मणनन् कींचिय कोडु' (लक्ष्मण-रेखा) के नाम से एक उपन्यास लिखा। इस लघु उपन्यास में आधुनिक युग की नारियों को यह चेतावनी मिलती है कि 'जीवन की लक्ष्मण रेखा' का उल्लंघन करने से रामायणकालीन सीता की भाँति जीवन खतरे में पड़ जाने की सम्भावना है। इन्दिरा पार्थ सारथी ने अपने 'मायमान् वेट्टै' (मायावी हिरण का शिकार) उपन्यास में समकालीन जीवन में भौतिक जीवन के सुखों की मृग तृष्णा के पीछे व्यर्थ भागदौड़ करने वाले के प्रति कटु आलोचना करते हुए इस व्यर्थ की मृगतृष्णा से बचने की बात सांकेतिक रूप से सुझायी गयी है। मु. माणिक्कम् ने 'पिन्नवन् पेट्र सेल्वम्' तथा पूवै. आरुमुखम् ने 'सीतैक्कु ओरु पोन् मान्' (सीता के लिए एक स्वर्ण-हिरण) नामक उपन्यास लिखा। इन दोनों की कथावस्तु की प्रेरणा भी रामायण की घटना पर आधारित मगर नयी कथावस्तु को लेकर चलती है। अनुराधा रमणन् का उपन्यास 'मिथिलै नगरत्तिन् सीतैक्कु ओरु पोन् मान्' मिथिलै के लिए एक स्वर्ण हिरण नामक उपन्यास की रचना की। अनुराधा रमणन् का उपन्यास 'मिथिलै नगरत्तिन् सीतै' (84) भी इसी प्रकार की रचना है। इन उपन्यासों के अध्ययन से स्पष्ट है कि रामायण की कथावस्तु, घटनाएँ एवं पात्रों का प्रभाव इन लेखकों पर गहरा पड़ा है और वे समकालीन जीवन की उलझनों, समस्याओं या घटनाओं को पुरानी कथा के परिप्रेक्ष्य में देखने, समझने, परखने और विश्लेषित करने का प्रयास करते हैं।

उपलब्ध सामग्री के आधार पर ऊपर का सर्वेक्षण किया है। इसके अतिरिक्त और भी सामग्री हो सकती है जो लेखक की दृष्टि में छूट गयी हो। अतः इन पंक्तियों के लेखक का यह प्रयास श्रमसाध्य होने पर भी उपेक्षित सफलता का वह दावेदार नहीं है।

कम्ब रामायण की महत्ता

डॉ. वी. जयलक्ष्मी

रामायण काव्य भारतीय प्रजा एवं कवियों के लिए प्रेरणा स्रोत रहा है। उसकी वर्ण्य वस्तु से आकृष्ट होकर प्राचीन एवं मध्ययुग में ही नहीं, बल्कि आज भी अनेक कवि एवं नाटककार अपनी कृतियों का निर्माण करते आ रहे हैं।

भारतीय भाषाओं के कविगण श्रीराम के उदात्त चरित्र से अत्यन्त प्रभावित हुए और उन्होंने अपने-अपने ढंग से उस विराट व्यक्तित्त्व को रूपायित करने का सफ़ल प्रयास किया है। जिस प्रकार वस्तु एक होते हुए भी उसे देखने व परखने तथा व्याख्या करने की पद्धति अलग होती है, उसी प्रकार रामकथा को भी अपने जीवनकाल की स्थितियों के आधार पर प्रत्येक कवि का चिन्तन और दृष्टिकोण भिन्न रहा है। कविगण चाहे प्राचीन परम्पराओं अथवा आख्यानों को आधार बनाकर अपने काव्य का भले ही सर्जन करें तो भी उसकी पृष्ठभूमि में समकालीन समाज प्रतिबिम्बित होता ही है।

कम्बन के पूर्व तमिल पुरातन साहित्य में राम-कथा

दरअसल नौवीं तथा दसवीं शताब्दियों में संस्कृत एवं प्राकृत भाषाओं से आधुनिक भारतीय भाषाओं का प्रादुर्भाव हुआ, तब रामायण ही उनका मार्ग-दर्शक प्रमाणित हुई। भारतीय भाषाओं में संस्कृत के पश्चात् तमिल अत्यन्त प्राचीन भाषा मानी जाती है। संघकालीन तमिल साहित्य में भी यत्र-तत्र रामकथा वर्णित है। संघ साहित्य के 'पुरनानूरु' (पद्य-378) में रामायण विषयक कथा वर्णित है। राम के साथ सीता जंगल में गयी थी। राम की अनुपस्थिति में सीता को रावण उठा ले गया। सीता ने अपने आभरणों को नीचे गिराया। सुग्रीव-पक्षीय बन्दर उन आभरणों को देखकर आश्चर्यचकित होते हैं। यह कविता लगभग दो सहस्रवर्ष पूर्व की है।

संघकाल की कविता 'अहनानूरु' में रामायण का प्रसंग इस प्रकार है कि ''पांडिय देश में सागरतट पर एक वटवृक्ष के नीचे रामचन्द्र जी युद्धविषयक मन्त्रणा कर रहे थे। वृक्ष पर पक्षीगण शोर मचाकर इस मन्त्रणा में विघ्न उपस्थित कर रहे थे।'' संघ साहित्य के 'कलित्तोहै' (पद्य-38) में दशग्रीव रावण के कैलाश पर्वत उठाने की कथा का उल्लेख है। 'शिलप्पदिकारम्' और 'मणिमेखलै' के 13 और 14वें सर्ग में रामकथा का उल्लेख है। ''माता-पिता की आज्ञा से पत्नी सहित वन गमन कर वहाँ पत्नी से वियुक्त होकर नाना दुखों का अनुभव करने वाले राम विष्णु के अवतार हैं।'' इस प्रकार के उल्लेख पाये जाते हैं। तमिल महाकाव्य 'शिलपादिहारम' में एक सन्दर्भ में रामचन्द्र जी का प्रसंग इस प्रकार वर्णित है—

वे कान किस काम के जिन्होंने दक्षिण लंका का नाश करने वाले सेवक (हनुमान) और श्री

महाविष्णु (राम) की प्रशंसा न सुनी हो।

'शिलप्पदिकारम्' से सम्बन्धित 'मणिमेखलै' काव्य में रामकथा का उल्लेख है। श्रीराम ने विजय पायी और जनक-तनया सीता का उद्धार किया। इस कथन से ही रावण की पराजय का ज्ञान होता है। महाविष्णु राम के रूप में अवतार लेकर सेतु बाँधकर लंका पर आक्रमण किया। उस समय बन्दरों ने निज मालाओं का अर्पण किया, वे सागर में विलीन हो गयीं।

इसी प्रकार आठवीं शती में वैष्णव भक्त कुलशेखर आळवार ने विष्णु के दशावतारों के सन्दर्भ में श्री रामचन्द्र की भूरी-भूरी प्रशंसा की है, और ग्यारह पद्यों में रामायण को संक्षेप में कह दिया है। राम को कौसल्या का पुत्र, रावण का हन्ता, ताड़का का नाशक, जनकतनया के पाणिग्रहण के कारण जनक का जमाता, भरत को राज्य देकर लक्ष्मण को साथ लेकर वनगमन करने वाला और बालि का वध कर सुग्रीव को राज्य दिलाने वाला आदि अनेक रामायणीय उल्लेख कुलशेखर आळवार के पद्यों में हैं। पेरियाळवार ने रामदूत हनुमान का उल्लेख, लंका गमन, वहाँ सीता का दर्शन, हनुमान का आत्मपरिचय, अभिज्ञानों का कथन, अंगुलीयक-प्रदान और सीता का हनुमान पर विश्वास आदि से किया है। तिरुमंगै आळवार ने बालि, कबन्ध और विराध आदि का राम द्वारा वध और शूर्पणखा का अंगभंग आदि का वर्णन किया है। वैष्णव आळवारों के समान शैवनायनमारों ने शिव के महत्त्व-प्रदर्शन में रामायण के पात्रों का उल्लेख किया है। परन्तु किसी ने भी राम-काव्य को क्रमिक रूप में प्रस्तुत नहीं किया।

भक्त कवि कम्बन का कम्ब रामायण 'इरामावतारम्'

तमिल भाषा के महान कवियों में कम्बन की गणना की जाती है। तमिल में रचित प्रथम रामचरित सम्बन्धी महाकाव्य कवि चक्रवर्ती कम्बनकृत रामायण ही माना जाता है। महाकवि कम्बन की अमरकृति का नाम 'इरामावतारम्' है। (कम्बन ने अपनी रचना का नाम 'रामायण' न रखकर 'इरामावतारम्' ही रखा है) जो कि आज 'कम्ब रामायण' नाम से प्रसिद्ध है। कम्बन की रामायण तमिल भाषा की अमर रचना समझी जाती है। विद्वानों का विचार है कि तमिल भाषा के माधुर्य एवं काव्यसौन्दर्य की उच्चता का एकमात्र उदाहरण कवि चक्रवर्ती कम्बन का 'इरामावतारम्' ही है। कवि कम्बन को 'कवि चक्रवर्ती' की उपाधि जनता ने ही दी है। सम्भव है कि कम्बन अपने पूर्वकालीन शैव और वैष्णव सन्त की राम कथाओं से प्रभावित हुए हों। कम्बन की काव्यप्रतिभा, उक्ति विन्यास एवं रचनाशैली के समक्ष पूर्ववर्ती कवियों की रामायणें हतप्रभ होकर कालकवलित हो गयीं। तमिल साहित्य के इतिहास में कम्बन की इसी गरिमा के कारण नवम शतक से लेकर चौदहवीं शतक तक के बृहत् काव्य काल को कम्बनकाल माना जाता है।

कथानक के दृष्टिकोण से कम्ब-रामायण के कुछ प्रसंग विशेष रूप से उल्लेखनीय है :

* राम-लक्ष्मण के विश्वामित्र के साथ मिथिला में प्रवेश का स्वतन्त्र वर्णन किया गया है। राम-लक्ष्मण अपने गुरु विश्वामित्र के साथ जनकपुर के लिए प्रस्थान करते हैं तब जनकपुर की पुष्प वाटिका में राम-सीता का पूर्व राग दर्शाया गया है। सीता और राम के नयन क्षण-भर के लिए मिलते हैं। इस सन्दर्शन से दोनों मन परस्पर के प्रति आकृष्ट हुए। राम और सीता के प्रथम सन्दर्शन तथा प्रेम का वर्णन करते हुए कवि कम्बन कहते हैं–''अतिसुन्दरी सीता एवं अकलंक प्रभु राम, दोनों इस परस्पर सन्दर्शन से दो शरीर किन्तु एक प्राण हो गये, बिछुड़े हुए मिलते हैं तो क्या वचनों की आवश्यकता होती है? वे क्षीर-सागर के पर्यंक पर स्थित थे और बिछुड़े थे।'' अर्थात्

विशाल क्षीरसागर में आदिशेष के पर्यंक पर साथ रहने वाले वे दोनों एक-दूसरे से वियुक्त हो गये थे और अब पुनः उनका परस्पर समागम हो रहा है। इसमें वाणी की क्या आवश्यकता है? मिथिला नगर के विस्तृत वर्णन के पश्चात् राम और सीता के एक-दूसरे को देखने का तथा फलस्वरूप रात में दोनों के विरह का भी चित्रण किया है (बालकांड)। इसके बाद जनक द्वारा राम का स्वागत तथा सीता-स्वयंवर वर्णित है। इस प्रकार कम्ब रामायण में सीता और राम का धनुर्भंग के पूर्व ही परस्पर-सन्दर्शन होता है और प्रेम उत्पन्न होता है।

* कम्बन के बालकांड में दशरथ की मिथिला-यात्रा का पाँच सर्गों में वर्णन किया गया है। दशरथ के साथ सेना, अन्तःपुर की रमणियाँ आदि भी हैं। उनके विलास का विस्तृत चित्रण किया गया है—पुष्पचयन, जलक्रीड़ा, आपानकेलि आदि।
* रामचन्द्र को राज्य देने का निर्णय जब दशरथ करते हैं, तब वाल्मीकि ने लिखा है—राम बड़ी प्रसन्नता से अपनी माता कौसल्या के निकट पहुँचते हैं और उन्हें यह समाचार देते हैं। इस समय हुए लक्ष्मण और राम के सम्भाषण में भी राम का उल्लास प्रकट होता है। किन्तु कम्बन ने इस प्रसंग में रामचन्द्र के गम्भीर रहने की बात कही है। कम्बन के राम शालीनता, उदारता, गम्भीरता और धीरता की मूर्ति हैं। उनकी इस उदारता एवं धीरता में किसी भी प्रसंग में कुछ कमी उत्पन्न नहीं हुई है।
* कम्ब रामायण में पात्र अहल्या के प्रति कम्बन की दृष्टि अधिक उदार है। कम्बन ने अहल्या का वर्णन बहुत ही सुन्दर ढंग से किया है, जो रामचरितमानस से भिन्न है। कम्बन की दृष्टि में अहल्या परिस्थितिवश पतित होती है। उन्होंने अहल्या को अत्यन्त श्रेष्ठ नारी के रूप में वर्णित किया है। उनके अनुसार अहल्या निर्दोष हैं। गौतम मुनि के शाप से अभिशप्त अहल्या की जड़ता को कम्बन; विश्वामित्र और राम के सत्प्रयत्न को दूर करके, उनके चरित्र को समुज्वल और जाज्च्वल्यमान बना देते हैं। राम की चरण-रज के स्पर्श से अहल्या अपने पूर्व स्वरूप को प्राप्त करती हैं। कंम्बन की अहल्या उनके राम द्वारा भी वन्दनीय है। राम अहल्या के चरणों की वन्दना करते हैं तथा वह अहल्या माता कहकर सम्बोधित करते हैं। तत्पश्चात् सभी लोग गौतम मुनि के आश्रम में जाते हैं। विश्वामित्र अहल्या के उत्तम चरित्र की वकालत करके उन्हें पति द्वारा क्षमा प्रदान कराते हैं, जिससे गौतम मुनि उन्हें पुनः सहर्ष अपनी धर्म पत्नी के रूप में स्वीकार करते हैं। इस प्रकार देखा जा सकता है कि नारी के प्रति उनकी दृष्टि सामान्यतः सम्मान एवं सहानुभूतिपरक थी एवं उनके बाह्य सौन्दर्य के प्रति भी सचेत रही है।
* पंचवटी में सीता-हरण का प्रसंग भी वाल्मीकि से भिन्न है। वाल्मीकि के अनुसार रावण अपने सबल हाथों से सीता को उठाकर रथ पर चढ़कर भाग जाता है। जबकि कम्ब रामायण में रावण ने अपने हाथों से सीता का स्पर्श नहीं किया। रावण को ब्रह्मा ने शाप दिया था कि रावण किसी स्त्री को, उसकी इच्छा के विरुद्ध छुएगा तो उसका सिर चूर-चूर हो जाएगा। इसलिए रावण ने अपनी बलिष्ठ भुजाओं से सीता को कुटिया सहित उठा लिया और रथ पर रखकर उड़ चला। कैलास-जैसे पर्वत को उठाने का साहस करने वाले रावण को पर्णशाला सहित सीता को उठाकर ले जाना अस्वाभाविक नहीं है। अतः कम्ब रामायण में सीताहरण के वृत्तान्त में रावण सीता को स्पर्श करने के भय से पृथ्वी खोदकर भूमिभाग के साथ-साथ उन्हें ले जाता है (अरण्यकांड)। जब राम और लक्ष्मण वापस आए तो पर्णकुटी के स्थान पर सिर्फ एक बड़ा गड्ढा पाया। सम्भवतः कम्बन के विचार में सीता की प्रतिष्ठा और नारी मर्यादा के प्रतिकूल यह कार्य होने के कारण अपनी सूझ से काम लेते हैं।

* राम-विरह में सीता को व्याकुल देखकर कम्बन के हनुमान कहते हैं कि यदि आप चाहें, तो मैं आपको अभी अपने कन्धे पर बैठाकर राम के पास पहुँचा सकता हूँ। ऐसा कहने पर सीता उन्हें बुरी तरह से डाँटती हैं। वह कहती हैं कि तुम पर-पुरुष हो। मैं इस प्रकार तुम्हारे साथ नहीं जा सकती, क्योंकि तुम्हारे साथ जाने से मेरे पति का अपमान होगा। इस चित्रण में सीता का श्रेष्ठ पतिव्रता एवं कुल गौरव के प्रति सम्मान प्रकट होता है।
* कम्ब रामायण में 'माया जनक' वाला प्रसंग भी अपने ढंग का है। अशोक वाटिका में माया रूप में जनक की सृष्टि कर, जानकी पर प्रभाव डालने का कुचक्र रचा गया। महोदर की आज्ञा से मरुत नामक एक राक्षस जनक का रूप धारण कर लेता है। मायावी-जनक सीता को रावण की बात मानकर तदनुकूल आचरण करने की सलाह देता है और रावण को पतिस्वरूप स्वीकार करने के लिए सीता से अनुरोध करता है तो सीता अत्यन्त दुखित होकर पिता के क्रूर विचारों की निन्दा करती है। इस मायाजनक व्यक्ति का अन्यत्र उल्लेख नहीं है। अतः यह प्रसंग वाल्मीकि रामायण में प्राप्त नहीं है।
* युद्धकांड में नारायणावतार राम से युद्ध न करने का अनुरोध करते हुए विभीषण रावण को नृसिंहावतार की कथा सुनाता है। अन्य रामकथा में ऐसा वर्णन नहीं मिलता।
* कम्ब-रामायण की कथावस्तु के और बहुत से स्थलों पर वाल्मीकि रामायण से भिन्नता पाई जाती है। उदाहरणार्थ—इन्द्र का विडाल का रूप धारण करना; इन्द्र तथा अहल्या के प्रति गौतम का शाप; मन्थरा के वैर का कारण; निद्रादेवी का मानवीकरण; शरभंग-मोक्ष की कथा; हनुमान के आभूषणों का उल्लेख; लक्ष्मण द्वारा दुन्दुभि के अस्थिकंकाल का प्रक्षेपण; राम तथा सीता द्वारा प्रदत्त अतिज्ञान; स्वयंप्रभा तथा सम्पाति की कथा; विभीषण की पुत्री के रूप में त्रिजटा का उल्लेख; मन्दोदरी का सहगमन; लक्ष्मण मात्र का नागपाश तथा ब्रह्मास्त्र द्वारा पराजित होना; विभीषण का मधुमक्खी का रूप धारण कर लंका में प्रवेश करना; कुम्भकर्ण-वध तथा इन्द्रजीत-वध के वर्णन में मौलिकता; भरत द्वारा आत्महत्या-विचार आदि।

कम्ब रामायण में चित्रित पात्र

कम्ब रामायण के पात्रों के चित्रण में कम्बन की प्रतिभा खुलकर सामने आती है। राम और सीता, रावण और शूर्पणखा, भरत और लक्ष्मण, गुह और विभीषण, सुग्रीव और बाली, हनुमान और अंगद, कुम्भकर्ण और इन्द्रजीत इत्यादि पात्र कम्बन की अमर सृष्टियाँ हैं। मूल रामायण की अपेक्षा इन चरित्रों में पर्याप्त परिष्कार उत्पन्न किया गया है। वीरशुल्का सीता के सतीत्व का इस पूर्वानुराग के साथ अद्भुत सामंजस्य-प्रसंग का औचित्य-प्रदर्शित किया गया है।

राम और रावण सीता और शूर्पणखा—पुरुष और स्त्री वर्ग के आदर्श तथा वर्ज्य रूप में उपस्थित किये गये हैं; इन चारों के विरह का वर्णन हुआ है; इन चारों के प्रेम के सुखमय पक्ष का भी वर्णन हुआ है; चारों के व्यक्तित्त्व के अनुसार वर्णन की विविधता प्रदर्शित की गयी है।

श्री रामचन्द्र के शील, शक्ति एवं सौन्दर्य का अनुपम चित्र अपनी वाग्वैदग्धता के साथ प्रस्तुत किया है। इतर रामायणों से भिन्न मौलिक उद्भावनाएँ और कुछ प्रसंग कम्ब रामायण में दर्शित होते हैं, वे अत्यन्त मार्मिक हैं।

कम्ब रामायण में रावण का चरित्र, तुलसी और वाल्मीकि की कृतियों में वर्णित रावण से अत्यन्त विलक्षण बना है। रावण का पात्र नितान्त मौलिक है। कम्बन ने उसे महावीर, शिवभक्त, सुन्दर, सम्पन्न, विद्या कलाओं में निष्णात, सफ़ल शासक, युद्धकला विशारद—यों एक महान व्यक्ति बनाकर उपस्थित किया है। उसे अपनी प्रजा का आदर प्राप्त है। रामचन्द्र के साथ वह सोलह दिन तक युद्ध

करता है। प्रत्येक दिन के युद्ध के उपरान्त वह माल्यवान को युद्ध का वर्णन सुनाता है। उस समय राम की वीरता का जो वर्णन वह देता है उससे रावण में उदारता भी कुछ-कुछ परिलक्षित होती है। किन्तु उसके एक दुर्गुण का—कामुकता का गर्हणीय रूप भी प्रस्तुत किया है। अतः उसके चरित्रगत एक भारी कमी परनारी-आसक्ति को कम्बन ने पुष्ट कर दिखाया है। यों यह प्रकट किया है कि कोई चाहे कितना भी पराक्रमी और वैभव-सम्पन्न क्यों न हो, यदि उसमें कामुकता है तो उस दुर्गुण से ही उसका अधःपतन होता है। रावण के व्यक्तित्त्व को ऊँचा उठाने का प्रयोजन यही है कि वह राम जैसे अनुपम वीर का शत्रु बनने के योग्य हो। राम और रावण के ऐसे प्रसंग अन्यत्र दुर्लभ हैं।

शूर्पणखा जैसी दुश्चरित्रा के साथ भी राम का व्यवहार उदात्त है। राम विनोद में भी किसी का अपमान नहीं करते। स्त्रीत्व के प्रति हास-परिहास में भी आदर प्रकट करते हैं।

प्रत्येक पात्र की हृदयगत सूक्ष्म भावनाओं को पूरा-पूरा समझने की शक्ति कम्बन में है। उनके कथन में ऐसा लगता है जैसे पात्र स्वयं बोल रहे हैं। काव्य में वर्णनात्मकता के अधिक होने पर भी, उपयुक्त कारण से, एवं घटनाओं को उपस्थित करने में कम्बन की दिखाई गयी विलक्षण चातुरी से, सर्वत्र नाटकीयता के दर्शन होते हैं। कम्ब रामायण काव्यात्मक नाटक समझा जाता है। अतएव तमिल के विद्वान इसे 'कम्ब नाटकम' कहा करते हैं।

कम्बन की काव्य कला

रामायण का कथानक वाल्मीकि की अमर रचना से लिया गया है। किन्तु कम्बन ने अनेक मौलिक परिवर्तन किये हैं। इन परिवर्तनों से मूलकथानक की आत्मा कहीं कुंठित नहीं होने पायी है, प्रत्युत पात्रों के चरित्र-चित्रण में पर्याप्त परिष्कार तथा काव्य के उद्देश्य की पूर्ति में पर्याप्त सहायता प्राप्त हुई है। चरित्र-चित्रण, प्रसंग वर्णन, घटनाओं का उपस्थापन, सम्भाषण, परिस्थितियों में नाटकीय अनुक्रम, प्राकृतिक दृश्यों का पात्रों के व्यापारों तथा व्यक्तित्त्व के साथ उचित सामंजस्य, पात्रों के मनोभावों का कहीं तीव्र, कहीं मन्द गति से अभिव्यंजन, पात्र-व्यापारों के द्वारा जीवन-मूल्यों का उपयुक्त निर्देश तथा चिरन्तन सत्यों का सत्यानुकूल स्फुरण—ये सब कम्बन की मौलिक विशेषताएँ हैं। कम्बन का भाषा पर अनुपम अधिकार था। उनकी भाषा की भावानुकूल तादात्मकता, ओज और प्रांजलता, शैली की विविधता और ध्वन्यात्मक अभिव्यक्तियाँ अद्भुत हैं। कम्ब रामायण में 12000 पद्य हैं। कम्बन की यह रामायण ''वृत्तम्'' नामक छन्द में रचित है। तमिल भाषा का ध्वनि-सौन्दर्य, उसकी अभिव्यंजनाशक्ति, तमिल छन्दों की गम्भीर गति, प्रबन्धोचित गाम्भीर्य तथा माधुर्य, तमिल प्रदेश की प्राकृतिक छटा की मनोरम झाँकी, भारतीय संस्कृति का परमोत्कृष्ट वैभव—इन सब का समन्वित आकार है कम्ब रामायण। कम्बन की अपनी एक शैली है। रामचन्द्र जब माया-मृग के पीछे दौड़ रहे हैं, कम्बन कहते हैं कि, ''राम अपना वह पग आगे बढ़ा रहे हैं जिससे उन्होंने तीनों लोकों को नापा था।'' इस प्रकार काव्य-कला की दृष्टि से कम्बन की कृति अन्य तमिल साहित्य की अपेक्षा विशाल तथा काव्योत्कर्षपूर्ण प्रबन्ध है।

कम्बन पूरे काव्य में दो बातों की ओर निरन्तर संकेत करते हुए चलते हैं; एक है विधि की अवश्यम्भाविता और दूसरी बात है धर्म की अपराजेयता। राम वन-गमन के पूर्व कौसल्या के यहाँ पदचारी हो जाते हैं तो—''चँवर नहीं डुल रहे थे, श्वेतच्छत्र भी शोभित नहीं था; उनके (राम) के आगे-आगे विधि जा रही थी और पीछे-पीछे धर्म ग्लानि और दुख से भरा जा रहा था'' अर्थात् कवि ने यह व्यंजित किया है कि विधि और धर्म मनुष्य के साथी हैं।

युद्ध-रंग में रावण के मायास्त्र को राम ने मिटाया; ''धर्म को छोड़कर अन्य किसी मार्ग पर न

चलने वाले, सच्चे ज्ञान की प्राप्ति होने पर जन्मजात अविद्या—जो कि आत्म-स्वरूप को भुलाने वाली माया है, मिट जाती है वैसे ही राम-बाण से रावण का मायास्त्र मिटा।"

राम के चरित्र में परमात्मिक तथा लौकिक—दोनों व्यक्तित्त्वों की रक्षा की गयी है। तमिलनाडु में आलवारों तथा वैष्णव आचार्यों के कारण राम न केवल महामानव ही रहे, अपितु स्वयं परमात्मा हो गये थे। जनता की भक्ति-पूत भावना के कारण रामचन्द्र के चरित्र में जो महानता और परिपूर्णता उत्पन्न हो गयी थी, उन्हें इस कुशल कवि ने अपने काव्य के द्वारा परिपुष्ट कर दिया। यह कोई साधारण कार्य नहीं था। राम के दैवी तत्त्व का साहित्यिक या कलात्मक प्रभाव उत्पन्न करना, पूरे काव्य में सब प्रसंगों के मध्य उस दैवी तत्त्व का निर्वाह करना, साथ ही मानव-जीवन की विविध सुख-दुखात्मक परिस्थितियों के साथ उस दैवी तत्त्व की संगति बिठाना—यह एक अनन्य सुलभ प्रतिभावान महाकवि का ही कार्य है।

कवि तथा उसका काव्य तत्कालीन सामाजिक परिस्थितियों से प्रभावित होता है। कम्ब रामायण के वर्णन में भी तत्कालीन सामाजिक व्यवस्था की स्पष्ट झलक मिलती है। कम्ब रामायणकालीन समाज में महिलाएँ अपनी इच्छानुसार सभी वैदिक-धर्म-सम्मत सत्कर्म करने में स्वतन्त्र थीं। कम्ब रामायण में महिलाओं के कन्दुक-क्रीड़ा खेलने, नृत्य करने-सीखने आदि का वर्णन मिलता है। अर्थात् कम्बन ने नारियों की जलक्रीड़ा का सुन्दर वर्णन बालकांड में पूरे एक सर्ग 'पुनल् विलैयाट्टुप्पड़लम' (जल-क्रीड़ा पटल) में विस्तारपूर्वक वर्णित किया है। सभ्यता के चरम उत्कर्ष पर उत्तम साहित्य की सृष्टि होती है; महाकवि कम्बन का महाकाव्य ऐसे उत्कर्ष को दिखाने वाली रचना है। कम्बनकृत रामायण में द्रविड़ सभ्यता की झलक सर्वत्र परिलक्षित होती है। तमिल परम्परा के अनुसार विवाह के समय कुछ ऐसे नियम, विधि-विधान एवं कर्म सम्पादित होते हैं, जिसमें स्त्रियों की उपस्थिति परमावश्यक होती है, जैसे 'दृष्टिपरिहार', 'हारती', आँखों में काजल (अंजन) लगाने की प्रथा और वधू के गले में मंगलसूत्र ननद (लड़के की बहन) की ओर से भी बाँधना आदि। कम्बन ने भी अपनी रामायण में इन्हीं परम्पराओं का निर्वाह पात्रों के जरिए किया है।

कम्ब रामायण में प्रत्येक प्रमुख घटना का आरम्भ, विकास, चरम परिणाम—इनका उपस्थापन तथा क्रमिक निरूपण इस प्रकार किया गया है कि प्रत्येक घटना का चित्रण एक खंडकाव्य-सा लगता है, वह अपने में पूर्ण है तथा महाकाव्य के शिल्प की पूर्णता में योग देता है और अपने में रसपूर्ण है तथा महाकाव्य की समग्र रसमयता में वैविध्य उत्पन्न करता है। इसे हम सम्पूर्ण तमिल-साहित्य का गौरव ग्रन्थ कह सकते हैं।

कम्बन और अवतारवाद

कम्बन ने रामकथा द्वारा भक्ति की व्याख्या कर मुक्ति का मार्ग दर्शाया।

कम्बन जन्मना शैव होने पर भी स्वयं वैष्णव धर्म के सिद्धान्त से अवश्य ही प्रभावित हुए। कम्बन भगवान के अवतारवाद का समर्थन करते हैं। उनके रचित काव्य का नाम 'इरामावतारम्' से भी कम्बन के विचार का ज्ञान होता है। अवतार की महिमा समझाकर कम्बन जनता को भक्ति के द्वारा मुक्तिमार्ग का उपदेश देते हैं। श्री रामचन्द्र जी परोपकारनिरत एवं भक्तवत्सल हैं। कम्बन के राम शालीनता एवं उदारता की मूर्ति हैं। उनमें गम्भीरता, धीरता एवं शरणागत-वत्सलता आदि गुण प्रचुर मात्रा में हैं। युद्ध कांड में कम्बन ने राम को धार्मिकों का स्नेहभाजन कहा। इसी कांड में राम के शील-गुणों का भी वर्णन किया गया है। रामचन्द्र जी धर्म, ज्ञान और तपश्चर्या के आगार हैं,

समुन्नत गुण एवं सहनशीलता के भंडार हैं और गुणगणमंडित श्यामल-रूपी रामचन्द्र करुणासागर हैं। विभीषण राम की करुणा पर विश्वास कर उनके पास जाकर उनके चरणों में प्रणाम करते हैं। "धर्म और सत्य की विजय सदा होती है।" युद्ध कांड में विभीषण के मुँह से कम्बन ने धर्म के महत्त्व को दर्शाया है। विभीषण की शरणागति वाली घटना का कम्बन से बहुत ही सुन्दर एवं सजीव वर्णन किया है। कम्बन ने श्री रामचन्द्र को आदर्श पुत्र, आदर्श भ्राता, आदर्श पति, आदर्श मित्र, त्यागमूर्ति, शरणागतवत्सल, एकपत्नीव्रत का पालक, परनारी को मातृवत् देखने वाले, करुणामय, परोपकारी, निष्कलंक, गुणज्ञ एवं शीलवान के रूप में चित्रित किया है। कम्बन ने कोसल देश की जनता को भी निष्कलंक एवं धार्मिक बताया है। बाल कांड के देशवर्णन सर्ग में कम्बन कोसल देश की जनता के आदर्शों को बताया। उन्होंने कुछ पद्यों में कोसल देश और अयोध्या नगर का वर्णन किया है। उनके वर्णन से यह भी प्रतीत होता है कि कम्बन ने तमिल समाज के भविष्य रूप की परिकल्पना की है। अयोध्या की महिमा का वर्णन कवि ने इस प्रकार किया है—नगर में सभी सुशिक्षित थे। सभी सर्वसाधन सम्पन्न थे। कोई भी वहाँ आवश्यकता की तंगी और अभावों से पीड़ित न था। धनी और गरीब या उच्च और नीच का भेद अयोध्या नगर में नहीं था। जनता सब प्रकार के दोषों से मुक्त थी। जनता का जीवन निष्पाप था। भय की कोई गुंजाइश ही नहीं थी। जनता का हृदय पवित्र था, वे क्रोध नहीं करते थे। वे केवल धर्म का आचरण करते थे।

कम्बन का काव्य लक्षण—समरस भाव, काव्यानन्द और भक्ति

कतिपय शतकों से सुविदित रामकथा का काव्य गुणों से समलंकृत कर कवि कम्बन ने भक्ति काव्य 'इरामावतारम्' की रचना की। काव्यानन्द के साथ-साथ ब्रह्मानन्द को प्राप्त कराने के लिए ही कवि कम्बन ने इस भक्ति-काव्य की रचना की। काव्यसौन्दर्य से सम्पन्न इस भक्ति-काव्य की मुख्य विशेषता, समन्वय और समरस भावना है। तमिल के कवियों में समरस भावना का अग्रदूत कवि चक्रवर्ती कम्बन हैं। इसी कारण यह जनता द्वारा अनुशीलनीय समझा जाता है। तमिल काव्य-जगत में कम्ब रामायण को सर्वश्रेष्ठ महाकाव्य माना जाता है। कम्बन की रामायण पढ़नेवालों में तो शैव, वैष्णव, जैन, ईसाई और मुसलमान भी हैं। कम्बन के काल में धार्मिक संघर्ष रामाप्त हो गया था। अतः जैनों और बौद्धों का आधिक्य और उत्साह समाप्त हो चुका था। केवल शैव और वैष्णवों में थोड़ी बहुत स्पर्धा विद्यमान थी। कम्बन समरस भावना का पुनर्जागरण तमिल प्रदेश में करना चाहते थे।

कवि कम्बन ने काव्य के मंगलाचरण के पद्य में शैव या वैष्णव सम्प्रदाय के बोधक ईश्वर की प्रार्थना न कर, सम्प्रदायनिरपेक्ष ईश्वरी तत्त्व की स्तुति की। उनके अनुसार—"समस्त संसार के सर्जन, पालन एवं संहार—इन तीनों कृत्यों को लीला के रूप में करने वाले ही मेरे उपास्य नायक हैं। मैं उन्हीं का शरणागत हूँ।" यह काव्य का प्रथम पद्य है। इस पद्य में सम्प्रदायनिरपेक्ष परतत्त्व का ही उपास्य के रूप में प्रतिपादन किया है। उसी प्रकार उनके अनुसार ईश्वर एक है। व्यावहारिक रूप में ईश्वर का नानात्व नजर आ रहा है। अज्ञान से आविष्ट जीव परमात्मा के समस्त रूप को न देखकर, केवल उसके एकांश को देखकर उसी को ईश्वर समझ लेता है।

कम्बन के समरसात्मक भक्ति-आन्दोलन के काल में तमिल भाषा में एक कहावत प्रचलित हुई, 'हरियुम् शिवनुम् ओण्णु, इदै अरियादवन् वायिल मण्णु'—अर्थात् 'हरि और हर एक हैं, इसके अज्ञानी के मुँह में मिट्टी।'

कम्ब रामायण में भक्ति रस के प्रतिपादक पद्य और पटल (सर्ग) अनेक हैं। रामायण का

हिरण्य-वध पटल कम्बन की भक्ति का सर्वोत्तम प्रसंग समझा जाता है। जिस प्रकार गोस्वामी तुलसीदास 'रामचरितमानस' में शिव-पार्वती के प्रसंग की उद्भावना कर रामभक्ति का निरूपण किया, उसी प्रकार कवि कम्बन ने भक्ति की सर्वोत्तमता के प्रतिपादनार्थ हिरण्य-वध पटल की रचना की। कम्ब रामायण की समस्त पटलों में हिरण्य-वध पटल अत्यन्त श्रेष्ठ एवं प्रभाव जनक समझा जाता है। भक्तितत्त्व को यथार्थरूपेण समझाने के लिए कम्बन ने रामायण में हिरण्य-वध पटल का संयोजन किया है।

कम्बन ने रामायण लिखकर दशरथि राम को विष्णु का अवतार सिद्ध किया। तमिल के विद्वानों का विश्वास है कि दशरथि राम को विष्णु के अवतार के रूप में काव्य में वर्णन करने वाले प्रथम कवि कम्बन हैं।

कम्बन की रचना का एकमात्र लक्ष्य वाल्मीकि के महामानव 'दाशरथि राम' को पुरुषोत्तम या पूर्ण पुरुष के रूप में प्रतिपादित कर उन्हें जनता का उपास्य देव बनाना था। इसी लक्ष्य के लिए कम्बन ने राम को जहाँ नारायण बताया, सीता को भी वहाँ लक्ष्मी बताया।

श्री रामचन्द्र जी के देवत्व के वर्णन में कम्बन ने अपनी कला-कुशलता का परिचय दिया है। राम के दैवीतत्त्व का साहित्यिक या कलात्मक प्रभाव उत्पन्न करना, पूरे काव्य में सब प्रसंगों के मध्य उस दैवीतत्त्व का निर्वाह करना एवं साथ ही मानव-जीवन की विविध सुख-दुखात्मक परिस्थितियों के साथ उस दैवीतत्त्व की संगति बिठाना—यह एक अनन्य सुलभ प्रतिभावान् महाकवि का ही कार्य है।

कम्बन सर्वधर्म-समभाव की विचारधारा के प्रबल पक्षधर थे। कम्बन एक श्रीवैष्णव भक्त कवि थे। श्री वैष्णव होने के कारण वैष्णव धर्म के प्रति उनकी आस्था स्वाभाविक थी, किन्तु कम्बन उदार दृष्टि वाले तथा अत्यन्त सहिष्णु थे। उन्होंने सभी धर्मों को समभाव एवं समान रूप से अपने महाकाव्य में प्रस्तुत किया। सर्वधर्म समभाव की उदारतावश ही शिव की प्रसंगानुसार प्रशंसा कम्ब रामायण में मिलती है। कम्बन ने शिव तथा विष्णु को एक-दूसरे से छोटा अथवा बड़ा बताने वालों की निन्दा की है तथा उन्हें मूर्ख माना है। वे कहते हैं कि जो इस बात पर अनावश्यक झगड़ते एवं विवाद करते हैं कि शिव बड़े हैं या विष्णु बड़े हैं, वे मूर्ख हैं। ऐसे मूर्खों के लिए सुगति दुर्लभ होती है। अतः कम्बन ने विष्णु के समान ही शिव को भी महान रूप में वर्णित किया है। वे रामायण के किसी भी पद्य में शिव की निन्दा नहीं करते। वे विष्णु के सामन शिव का भी स्तवन करते हैं। जिनसे सभी धर्मों के प्रति समभाव प्रकट होता है। कम्बन ने रामायण के पद्यों में किसी एक सम्प्रदाय के अभीष्ट देव की स्तुति और अनभीष्ट देव की निन्दा नहीं की है। अतः कम्बन के काव्य में धार्मिक विरोध, धर्मान्तर की निन्दा, इतर धर्मों के उपास्य देवों का खंडन या तिरस्कार नहीं पाया जाता है।

कम्ब रामायण में 'शाडयप्पर' नामक बड़े दानी का उल्लेख दस स्थानों पर आया है। ऐसा माना जाता है कि 'तिरुवेण्णीय नल्लूर' नामक गाँव का एक बड़ा धनी कृषक था। कम्बन जब गरीब थे, उस समय उस दानी व्यक्ति ने बड़ी सहायता की थी; इसीलिए कम्बन ने उस व्यक्ति की प्रशंसा करके अपनी कृतज्ञता प्रकट की है और शाडयप्पर का नाम श्रद्धा के साथ लिया है। वैष्णव समझे जाने वाले कम्बन का शैव मत के अनुयायी शाडयप्पर के साथ पूर्ण स्नेह था। इस स्नेह का कारण कम्बन का समरस भाव था।

कम्ब रामायण का गुह साधारण अल्पज्ञ नाविक नहीं है। वह श्रेष्ठ नायक है, सुयोग्य वीर है, उपकारी मित्र है और परम भावुक व्यक्ति है। ग्रामीण संस्कृति का आदर्श रूप है। सिर्फ राम के मुख से नहीं बल्कि कौसल्या के मुख से भी इसे भाई कहलाकर कम्बन ने सामाजिक आदर्श उपस्थित कर दिया।

कम्ब रामायण में प्रकृति चित्रण

कम्बन का प्रकृति-निरीक्षण अतिसूक्ष्म है। अयोध्या, मिथिला आदि प्रदेशों के वर्णनों में दक्षिण भारत की प्राकृतिक सम्पदा का ही चित्र उपस्थित हुआ है। प्रकृति के जितने चित्र कम्बन की रचना में मिलते हैं, सब सजीव हैं, यथार्थ हैं और पूर्ण हैं। केवल कल्पना प्रसूत अतिरंजन उनमें नहीं हैं। प्रकृति की छोटी-से-छोटी वस्तु भी कवि की दृष्टि से परे नहीं है। लाल-धान, बॉस से मिलने वाला एक धान, नाना प्रकार के शाक, फल, पुष्प, उनके रंग और उनकी गन्ध तक का ध्यान कवि को रहता है। आरविक-जातियों—किरात, कोल, शबर आदि का भी अत्यन्त सहानुभूतिमय चित्रण कवि ने किया है। अजगर, हाथी, व्याघ्र, सिंह, शरभ, साही, रीछ आदि जानवर, मेघावृत पर्वत, कलरव करती नदियाँ, तोते, मोर, कोयल, चातक आदि पक्षी, प्रकृति की प्रत्येक वस्तु अपनी सम्पूर्ण सुन्दरता को लिये हुए कम्बन के चित्र में शोभायमान होती है।

सूर्य-चन्द्र के उदयास्तों के बीसियों चित्र कम्बन ने खींचे हैं, प्रत्येक दूसरे चित्रों से विलक्षण है, प्रसंगोचित है और सांकेतिक है। रौद्र, वीर, शृंगार, भयानक और बीभत्स—सबकी छटा इन सूर्य-चन्द्र के दृश्यों में देख सकते हैं।

निष्कर्ष : कम्ब रामायण तमिल साहित्य की अमूल्य निधि है, उसका सांस्कृतिक महत्त्व अपार और अनुपम है। कम्ब रामायण तमिल भाषा और तमिल संस्कृति का श्रेष्ठ महाकाव्य ही नहीं है, अपितु यह एक प्रामाणिक इतिहास भी है। इसमें मानवीय दुर्बलताओं से परित्राण और मानव-मात्र के कल्याण की भावना का प्राबल्य पाया जाता है। तमिल साहित्य के काव्य-सौन्दर्य, शब्द-माधुर्य, भाषा कौशल तथा रूप-माधुरी को एक साथ हम कम्बन के इस महान काव्य में प्राप्त कर सकते हैं। इन्हीं कारणों से वे तमिल साहित्य में 'कविचक्रवर्ती' की विशेष उपाधि से अलंकृत हुए। महाकवि कम्बन का नाम-मात्र, तमिल साहित्य के किसी भी रसग्राही पाठक के मन को उमंगों से भर देने वाला है। तमिल प्रदेश में यह उक्ति प्रचलित है 'कल्वियिल पेरियवन् कम्बन'—अर्थात् कम्बन विद्या के महान हैं। कम्बन की और उनकी अनुपम रचना की जो महत्ता है उसका यही प्रमाण हो सकता है कि दिनोंदिन 'कम्ब रामायण' का प्रचार बढ़ता जा रहा है—पंडितों, कवियों, रसिक पाठकों, विद्यार्थियों और भक्तों—सब प्रकार के व्यक्तियों में यहाँ तक कि जो भगवान के अस्तित्त्व को नहीं मानते हैं, जिनके लिए रामचन्द्र भगवान नहीं हैं, वे भी कम्बन के कवित्व-सौन्दर्य से मुग्ध हुए बिना नहीं रह सकते। कम्बन की कृति 'कम्ब रामायण' तमिल-साहित्य की अमूल्य विभूति है, उसकी अमरता का प्रतीक और भारतीय संस्कृति के चरम उत्कर्ष का मनोरम चित्र है।

कम्ब रामायण में नारी-पात्र—एक विश्लेषण

डॉ. वासुदेवन 'शेष'

राम कथा में राम, सूर्य-सदृश वह केन्द्र बिन्दु है, जिसके चतुर्दिक, सम्पूर्ण नारी पात्र उपग्रहवत परिक्रमा करते हैं। अधिकांश नारी-पात्रों का इस केन्द्र से अटूट सम्बन्ध है। राम पक्ष के ही नहीं, अपितु रामेतर पक्ष के भी कतिपय नारी पात्र इस परिक्रमा में सम्मिलित हैं।

सृष्टि कर्त्ता ने नारी हृदय का सृजन असीम ममता, स्नेह, करुणा, मृदुलता आदि से आप्लावित करके किया है। उसने नवीन प्राणी उत्पन्न करने तथा उसकी सेवा-शुश्रूषा करके पूर्ण मानव बनाने की प्रबल लालसा उसमें यों ही नहीं दी है, अपितु परमपिता का इसमें कुछ विशिष्ट उद्देश्य है। कम्ब रामायण नारी पात्रों में भी ये गुण विद्यमान हैं। कवि ने अपनी कलात्मकता और विधि से इन्हें प्रस्तुत किया है। कम्ब रामायण के नारी-पात्र सम्पूर्ण नारी जगत के लिए आदर्श ही नहीं, अपितु अपने उदात्त, मोहक-महनीय, मनोरम गुणों द्वारा सर्वथा अनुकरणीय भी है। पूजनीया जनकजा अपने पातिव्रता, सौन्दर्य, विवेकशीलता के लिए वात्सल्य-सम्पन्नता सरल हृदया माता कौसल्या मातृत्व तथा अपनी नीतिज्ञता के लिए आदर्श है, सुमित्रा एक आदर्श माता, आदर्श विमाता के रूप में चित्रित है तो अपने लक्ष्य के प्रति कैकेयी की दृढ़ता अनुकरणीय है।

कम्ब रामायण में चित्रित सतीत्व की प्रतिमूर्ति तारा और मन्दोदरी का अद्वितीय पातिव्रता सभी के लिए अवलम्बनीय है। शबरी और त्रिजटा की राम भक्ति वरणीय है। कम्ब रामायण में चित्रित नारी-पात्र हाड़-मांस के हैं, तथापि उनमें पायी जाने वाली अलौकिक शुचिता, उदात्तता, महनीयता, त्याग, निष्ठा आदि सब कुछ आज भी हमारे लिए सर्वथा अनुकरणीय है और भविष्य में भी रहेगा।

कम्ब रामायण की पात्र-संकल्पना पर तत्कालीन परिस्थिति, संस्कृति, कवि की अपनी दृष्टि, धर्म-दर्शन आदि का प्रभाव स्पष्टतः परिलक्षित होता है।

किसी भी काव्य-महाकाव्य के सृजन में पात्र-संकल्पना करनी पड़ती है। उन्हीं पात्रों के माध्यम से कथानक पूर्ण होता है और उन्हीं के माध्यम से रचनाकार अपने उद्देश्य को प्रकट करता है एवं उसकी प्राप्ति भी उन्हीं के माध्यम से होती है।

वाल्मीकि-रामायण की मूलकथा के आधार पर लिखे जाने वाले कम्ब रामायण के रचनाकार को अपने पात्रों के प्रस्तुतीकरण में कुछ अधिक कठिनाई दिखलाई देती है, क्योंकि किसी स्वतन्त्र रचना-नाटक, उपन्यास, कहानी, काव्य-महाकाव्य आदि के पात्रों के प्रस्तुतीकरण में उसके रचनाकार के सम्मुख कोई विशेष निर्बन्ध अथवा कठिनाई नहीं होती है। वह जिस रूप में चाहता है, तदनुरूप उन्हें अपनी रचना को सहज भाव से प्रस्तुत करता है।

परवर्ती रचनाकार मूलकथा के पात्रों को पूर्वचरित्र से अधिक परे, अपनी रचना में प्रस्तुत नहीं कर

सकता, क्योंकि मूलकथानुसार पात्र-संकल्पना करने पर वह मूल कथा का रूपान्तर मात्र होगा—स्वतन्त्र नवीन रचना नहीं। उसकी पात्र-संकल्पना का यह अन्तर युग-परिवेशवश आता है।

कम्ब-रामायण एक कथानक के आधार पर निर्मित है। किसी व्यक्ति अथवा पात्र की पहचान उसके व्यक्तिगत गुणों, मूल्यों, योग्यताओं के आधार पर बनती है। ये गुण, उसके चरित्र के आधार पर व्याख्यायित होते हैं। व्यक्ति का व्यक्तित्त्व उसके चरित्र से निर्मित होता है। यदि मनोवैज्ञानिक विश्लेषण में न पड़ा जाए, तो कहा जा सकता है कि चरित्र व्यक्ति या किसी पात्र की आन्तरिक प्रकृति से सम्बन्धित होता है तथा व्यक्तित्त्व बाह्य प्रकृति से। चरित्र के आधार पर किसी व्यक्ति या पात्र के व्यक्तित्त्व का मूल्यांकन होता है। श्रेष्ठ व्यक्तित्त्व से उसका सम्मोहक स्वरूप बनता है। चरित्र से व्यक्ति या पात्र के आन्तरिक गुणों का ज्ञान होता है। आकर्षक व्यक्तित्त्व से आकृष्ट करने वाले व्यक्ति का चरित्र निकृष्ट भी हो सकता है। इसी प्रकार चरित्र से आकृष्ट करने वाले व्यक्ति का व्यक्तित्त्व प्रत्यक्ष-दर्शन में अनाकर्षक भी हो सकता है, किन्तु वह चिरस्थायी है। चरित्र और व्यक्तित्त्व—ये दोनों मानव स्वभाव के परिवर्तनशील पहलू को प्रकट करते हैं। श्रेष्ठ चरित्र और व्यक्तित्त्व—दोनों का समन्वित रूप अत्यन्त प्रभावशाली व्यक्तियों में पाया जाता है। रामकथा के नारी पात्रों में सीता शीलयुक्ता और शूर्पणखा शील वियुक्ता के सुन्दर दृष्टान्त हैं।

रामकथा में प्रयुक्त अधिकांश पात्रों के मन में राम के प्रति सम्मान एवं श्रद्धाभाव है। राम के प्रति पात्रों की यह प्रीति उनकी स्थिति के अनुरूप विविधरूपा हो गयी है। दृष्टान्तार्थ कौसल्या, सुमित्रा, कैकेयी में विद्यमान यह प्रीति, 'वात्सल्य' है तो सीता के साथ यही 'प्रेम' के नाम से अभिहित होती है। पात्रों के मन की यही 'प्रीति' लक्ष्मण, भरत, शबरी, तारा, मन्दोदरी, त्रिजटा आदि में भक्ति के रूप में पायी जाती है। सम्भवतः इसी प्रीतिवश अधिकांश नारी-पात्रों का चरित्र-चित्रण इस महाकाव्य में रामोन्मुख हुआ है।

कोई व्यक्ति सर्वदा अच्छा तथा सर्वदा बुरा नहीं होगा—यह ध्रुव सत्य नहीं है, अपितु यह समय, परिस्थिति और घटनाओं पर निर्भर करता है। आदर्श पतिपरायणा, सर्वगुणसम्पन्ना, सत्कुलप्रसूता सीता का चरित्र विविध दृष्टियों से अनुकरणीय एवं महनीय है। किन्तु समय, परिस्थिति और घटनाओं के प्रसंगानुसार यह सर्वगुणसम्पन्ना अत्यन्त उदात्त एवं अनुकरणीय चरित्र भी सामान्य नारी के धरातल पर आ गया है।

नारी पात्र

कम्ब रामायण के कथा प्रवाह में नारी पात्रों की एक लम्बी शृंखला है। नारी पात्रों का वर्गीकरण सात्त्विक, राजस, तामस अथवा उत्तम, मध्यम तथा सामान्य कोटि के नारी पात्र के रूप में अथवा सामान्य तथा गौड़ नारी-पात्र या राम को प्रिय नारी पात्र, राम की सेविकाएँ तथा राम विरोधी नारी पात्र आदि विविध श्रेणियों में किया जा सकता है। यहाँ प्रस्तुत है कथा-प्रवाह के प्रवेश-क्रमानुसार नारी-पात्रों का विश्लेषण....

कौसल्या

कौसल्या अयोध्याधिपति की प्रथम—प्रधान महिषी, राम की माता तथा समदर्शी पति प्रिया, पुत्रवत्सला एवं धर्मशीला। जनसामान्य में उन्हें 'कौसल्या' नाम से जाना जाता है किन्तु उनको 'रामायण' में आदिकवि द्वारा 'कौसल्या' नाम से ही अभिहित किया गया है।

कम्ब रामायण में हमें कौसल्या का प्रथम दर्शन बालकांड के 'तिरुअवतार प्पड़लम' में चरू वितरण

के समय मिलता है। धूम सदृश काली, सुकोमल, घुँघराली अलकें, बिम्बफल-सदृश, अधरोष्ठवाली लावण्या पूर्णा कौसल्या का उल्लेख कम्ब रामायण में आलोच्य कवि ने एक अनुपम सुन्दरी के रूप में किया है। कम्ब रामायण में कौसल्या दशरथ की पत्नी तथा राम की माता के रूप में वर्णित है। किन्तु इनके माता-पिता, कुल आदि के सम्बन्ध में कम्बन मौन हैं।

कौसल्या का वर्णन कम्ब रामायण के अयोध्या-कांड में विस्तारपूर्वक मिलता है। कौसल्या चक्रवर्ती दशरथ के उत्तराधिकारी के रूप में राजमुकुट धारण किये हुए अपने पुत्र राम की कल्पना में उनके आगमन की प्रतीक्षा करती हुई बैठी है किन्तु राम उनकी कल्पना के पूर्णतः प्रतिकूल अकेले वनगमन हेतु उनका आशीर्वाद प्राप्त करने आते हैं। राम को अपने प्रतीक्षित वेश में न देखकर, वे अत्यन्त सामान्य भाव से इसका कारण पूछती हैं—राम कहते हैं कि आपका प्रेम पात्र उत्तम गुण वाला मेरा भाई भरत किरीट धारण करने वाला है।

कौसल्या दशरथ के अन्य पत्नियों के पुत्रों पर भी राम-सदृश प्रेम रखती है, तथापि भरत उन्हें कुछ अधिक प्रिय हैं। कौसल्या समदर्शी हैं। उन्हें राम या भरत के राजा होने में कोई अन्तर नहीं दिखलाई पड़ता, वे राम को भरत के साथ मिलकर रहने की परामर्श देती हैं। किन्तु राम द्वारा वनगमन की सूचना पाते ही एक सामान्य माता की भाँति वह पुत्र वत्सला मूर्च्छित होकर गिरकर विलाप करने लगती हैं। प्रस्तुत चित्रण में आलोच्य कवि ने उनके मातृवात्सल्य को सुन्दर रूप में चित्रित किया है।

राज्याभिषेक में अवरोध उत्पन्न होने के पश्चात् राम वनगमन की घटनाओं में कौसल्या एक आदर्श पतिप्रिया, पुत्रवत्सला, धर्मशीला, सुख-दुख में समभाव आदि रूपों में कम्ब रामायण में चित्रित है। जिस चक्रवर्ती के द्वार पर बड़े-बड़े राजा भी खड़े रहते हैं, उनकी पट्टमहिषी तथा ब्रह्म की भी जन्मदात्री के रूप में, कौसल्या का परिचय भरत गुह को देते हैं।

चौदह वर्षों के उपरान्त वन से राम, लक्ष्मण, सीता के अयोध्या लौटने पर माता अपने पुत्रों से बिछुड़ी हुई धेनुवत मिलती है। इस प्रकार कौसल्या को कम्ब-रामायण में सर्वथा उदात्त, सर्वगुणसम्पन्ना, श्रेष्ठ पतिव्रताा एवं पुत्रवत्सला के रूप में कवि ने प्रस्तुत किया है।

कैकेयी

कम्बन ने कैकेयी का उल्लेख यत्र तत्र 'कैकेशी' नाम से भी किया है। कैकेयी का चित्रण कम्बन ने अत्यन्त महत्त्वपूर्ण चरित्र के रूप में किया है। इसका परिचय कम्ब रामायण से अयोध्याकांड के द्वितीय-तृतीय पड़लम में मिलता है। तीसरे पड़लम का तो नाम कम्बन ने इसी के आधार पर कैकेयीशूल-विनेप्पड़लम किया है। आलोच्य कवि ने कैकेयी को सामान्य श्रेणी के नारी-पात्र के रूप में चित्रित किया है। यह कवि परम्परा रही है कि अपनी रचना में प्रस्तुत अप्रिय घटना का मूल कारण किसी नारी पात्र के होने पर, उस नारी-पात्र का चित्रण अत्यन्त दुष्टा के रूप में करते हैं किन्तु कम्बन ने इस परम्परा में कैकेयी का चित्रण नहीं किया है। कम्बन ने कैकेयी के प्रारम्भिक जीवन का चरित्रांकन श्रेष्ठा के रूप में किया है। कम्बन ने कैकेयी का बाह्य तथा आन्तरिक चित्रण अत्यन्त उदात्त, महनीय और श्रेष्ठ गुणसम्पन्ना के रूप में किया है।

कैकेयी का दशरथ के चारों पुत्रों के प्रति समान प्रेम, स्नेह, ममता-वात्सल्य है। वह मन्थरा से कहती है—शत्रुजयी धनुषधारी मेरे चारों पुत्र सुखी हैं, जो कभी धर्म विमुख नहीं होते। फिर भी मुझे कौन-सी विपत्ति आ सकती है। चारों पुत्रों में भी, उनका राम पर विशेष अनुराग है।

कम्बन ने उसे उदारता की देवी के रूप में प्रस्तुत किया है, जो कौसल्या की प्रशंसा करते हुए

भरत को कौसल्या का ही पुत्र कहकर कौसल्या के परम सौभाग्य—राम के तिलकोत्सव पर आनन्दित एवं प्रसन्न है।

कैकेयी का राम पर भरत की तुलना में अधिक अनुराग है। कैकेयी दृढ़मनस्क, कुल-परम्परा का ध्यान रखनेवाली, प्रजा इच्छानुसार कार्य करने वाली तथा अपयश भीता है। कम्बन की कैकेयी के विचार मुनियों के तप, देवताओं की माया, देवों से प्राप्त वर राक्षसों के पाप तथा देवों के पुण्यों में प्रेरित-प्रभावित होकर परिवर्तित होते हैं।

कम्बन दशरथ की मृत्यु का पूर्वाभास कैकेयी द्वारा अपने ललाट की बिंदिया मिटाने, मेखला (करधनी) उतारकर फेंकने, चूड़ी-कंगन को उतारने केश-पाश को खोलकर पृथ्वी पर लोटने में कर देते हैं तथा सीता का वन गमन होगा—ऐसा पूर्वाभास भी कवि ने द्वितीय पड़लम में कर दिया है।

कम्बन ने कैकेयी के चरित्र का उदात्त पक्ष 'मेन्थरेशूलच्यिप्पड़लम' में वर्णित किया है तथा इसके जीवन एवं सम्पूर्ण यश को कलंकित करने वाला पक्ष अयोध्याकांड के 'कैकेयीशूलविनेप्पड़ल' में प्राप्त होता है।

एक सामान्य नारी चरित्र सदृश कैकेयी भी दशरथ से एक शब्द कहे बिना अपनी भाव-भंगिमा द्वारा अपनी अप्रसन्नता से उन्हें अवगत करा देती है।

कम्बन ने इस समय कैकेयी का मूल्यांकन स्वयं भी दशरथ की दृष्टि से किया है। कवि ने उसको भर्ता की हत्या करने वाली, अपने अपराध को न देखने वाली, कुल धर्म उपेक्षिणी, धर्मउपेक्षिता, निर्दयी, करुणा रहित आदि विविध उपमानों से सम्बोधित करते हुए उसके चरित्र को रेखांकित किया है। स्त्रियों के परमावश्यक गुण—लज्जा, भय, सरलता, संकोच आदि से अभिज्ञा कैकेयी इन गुणों से आचरण गत है। उक्त गुणविहीना नारी कम्बन की दृष्टि में नारी होकर पुरुष है।

सुमित्रा

लक्ष्मण तथा शत्रुघ्न की माँ, राजा दशरथ की रानी सुमित्रा का चरित्र कम्ब रामायण में कवि ने अत्यन्त संक्षिप्त रूपेण चित्रित किया है। इस संक्षिप्त झाँकी में भी उनके अद्वितीय गुणों की ऐसी भव्य प्रतिभा कम्बन ने निर्मित की है जो इसकी पूर्ववर्णी तथा परवर्ती प्रतिभाओं से भिन्न एवं अनुपम है।

कम्ब रामायण में पायस वितरण के समय सर्वप्रथम सुमित्रा का कथा-प्रवाह में प्रवेश होता है। कम्ब रामायण के चित्रण में सुमित्रा स्नेह वात्सल्य की देवी ही नहीं, अपितु त्याग की भी साक्षात् प्रतिमूर्ति है। कौसल्या के पुत्र राम पर उनका अपने पुत्रों से भी अधिक अनुराग है। कवि ने राम वनगमन के समय के सुमित्रा का रूप वर्णन किया है जो सम्पूर्ण राम कथा में बेजोड़ है। कम्बन ने सुमित्रा को प्रेम, त्याग, आदर्श, वात्सल्य आदि की अनुपम देवी के रूप में चित्रित किया है।

ताड़का

कम्बन ने ताड़कैवधैप्पड़लम में ताड़का के वंश परिचय, राक्षस होने की घटना, इसकी दुष्टता, हृदयहीनता तथा अद्भुत बल का वर्णन विस्तारपूर्वक किया है।

कम्बन ने ताड़का को अति बलशालिनी के रूप में चित्रित किया है। उसमें एक हज़ार मदमत्त हाथियों का बल है। जो अच्छे-अच्छे प्राणियों को मारकर खा जाती है, जिसका रूप यमराज सदृश है। कम्बन ने ताड़का को दुष्टा होने पर भी पतिव्रताा के रूप में चित्रित किया है। ताड़का रावण की आज्ञा के अधीन रहती थी।

अहल्या

अहल्या गौतम ऋषि की पत्नी थी। कम्ब रामायण के बालकांड के नवें 'अकलिकैपड़लम' में अहल्या वृत्तान्त मिलता है। यज्ञोपरान्त विश्वामित्र के साथ मिथिला जाते समय राम-लक्ष्मण ने मिथिला के समीप एक ऊँचे टीले पर एक पत्थर को देखा। यह पत्थर शापग्रस्त अहल्या ही थी। उस पत्थर को राम चरण रज आ लगी। तत्क्षण वह (अहल्या) पत्थर रूप छोड़कर एवं शापमुक्त होकर अपने पूर्ण स्वरूप अद्वितीय मनोरम रूप में उठ खड़ी हुई। विश्वामित्र, राम को उसका परिचय देते हुए कहते हैं कि विद्युत् सदर्श नारी जो अत्यन्त आनन्द के साथ एक ओर खड़ी है, महर्षि गौतम की पत्नी अहल्या है।

सीता

महर्षि वाल्मीकि सदृश परम वैष्णव कम्बन ने भी सम्पूर्ण नारी-पात्रों में सीता को ही अपने रामायणम् में सर्वाधिक प्रधानता दी है। कम्बन की सीता पातिव्रता की रानी, स्त्रीत्व की रक्षिका, सौन्दर्य को भी सौन्दर्य प्रदान करने वाली, करुणा से आन्दोलित, हृदय से धर्म को धारण करने वाली, यशोमय जीवन व्यतीत करने वाली है, जो प्रपंच की नारियों के लिए सर्वोत्तम एवं अनुकरणीया आदर्श है।

कम्बन के अनुसार सीता लक्ष्मी है तथा राम क्षीराब्धिशायी नारायण (विष्णु) हैं। कम्बन की यह भावना हमें रामायणम् में अनेकत्र मिलती है। जब भगवान विष्णु धर्म रक्षार्थ क्षीरसागर को छोड़कर अयोध्या में अवतरित हुए तब धर्म रक्षा में उसकी यथासम्भव सहायतार्थ लक्ष्मी (सीता के रूप में) भी अवतरित हुई। सीता, राम के सर्वथा अनुरूपा (कुल, रूप, गुण, शील आदि में राम सदृशा) है। सीता सभी दृष्टियों में राम की समतुल्या हैं। अगर राम (विष्णु के अवतार) अपने हाथों में शंख धारण करते हैं तो सीता का कर शंख की चूड़ियों से अलंकृत है। अगर सीता (लक्ष्मी) का निवास स्थान कमल है, तो राम (विष्णु) का निवास स्थान भक्तों का हृदय कमल है। राम सर्वत्र व्याप्त होने के कारण सबके हृदय में निवास करते हैं, इसी प्रकार सीता अपने रूप लावण्य, गुण-शील के कारण सबके द्वारा स्मरण की जाती है।

कम्बन की सीता का अद्वितीय सौन्दर्य एवं रूप लावण्य कुछ इस प्रकार का है कि उनसे ईर्ष्या करने वाली उनकी प्रतिद्वन्द्विनी शूर्पणखा भी उनके सौन्दर्य की प्रशंसा करने के लिए विवश हो जाती है। शूर्पणखा कहती है कि सौन्दर्य की सीमाओं का अन्त यहीं पर होता है। इस सौन्दर्य के अतिरिक्त और कुछ देखने की अब मेरी (नारी की) इच्छा नहीं करती है तो इसे देखने वाले पुरुषों की क्या दशा होगी।

कम्बन ने सीता के पातिव्रता शील आदि को अत्यन्त पराकाष्ठा पर चित्रित किया है।

सीता में अपार करुणा है। इसी कारण वे अशोक वाटिका में अपने को सताने वाली राक्षसियों के वध से हनुमान को विरत करती है। सीता उन्हें रावण से प्रेरित बताती है।

सीता का चित्रण कम्ब रामायण में एक आदर्श सहधर्मिणी की सुख-दुःख में सर्वदा पति के साथ रहने वाली के रूप में मिलता है।

उर्मिला

वाल्मीकि-रामायण सदृश कम्ब रामायण में उर्मिला का वर्णन नहीं मिलता। कम्बन ने मात्र दो पद्यों में ही उर्मिला का उल्लेख किया है–

'जनक बन्धु-जनों (दशरथ आदि) से परामर्श करके अपनी दूसरी पुत्री उर्मिला का तथा अपने

अनुज कुशध्वज की दो पुत्रियों—इन तीनों लक्ष्मी सदृश कन्याओं का विवाह राम के तीनों भाइयों से कर दिया जाए—ऐसा दशरथ से निवेदन करते हैं। पुष्पमाला धारी जनक और कुशध्वज नामक उनके अनुज, दोनों की तीन पुत्रियों के साथ जो सर्वगुण सम्पन्ना एवं सभी योग्य गुणों से शाभित थीं, काजल लगी आँखों वाली थीं, सुन्दरियों के सदृश रमणीय थीं तथा प्राप्तवय थीं—से दशरथ के तीनों पुत्रों (लक्ष्मण, भरत, शत्रुघ्न) ने विवाह कर लिया। कम्ब रामायण में उर्मिला के सम्बन्धों में मात्र यही उल्लेख मिलता है।

माण्डवी और श्रुतकीर्ति

कम्ब रामायण में बालकांड के 'कड़िमप्पड़लम' में मांडवी और श्रुतकीर्ति का उल्लेख बहुत ही संक्षिप्त रूप में इस प्रकार मिलता है—जनक ने दशरथ तथा बन्धुजनों से परामर्श करके निश्चय किया कि अपनी दूसरी पुत्री और अपने अनुजों की दो पुत्रियों—मांडवी और श्रुतकीर्ति—इन तीनों लक्ष्मी सदृश कन्याओं का विवाह राम के तीनों भाइयों के साथ कर दिया जाए।

कम्ब-रामायण में इन दोनों बहनों के सम्बन्ध में यही उल्लेख मिलता है।

मन्थरा

कम्ब रामायण में मन्थरा का प्रारम्भिक उल्लेख अयोध्या कांड के 'मन्थरैशूलच्यिप्पड़लम' में मिलता है।

कम्बन ने अत्यन्त सुन्दर और भावपूर्ण उपमाओं एवं विशेषणों द्वारा मन्थरा को कम्ब रामायण में इस रूप में प्रस्तुत किया है—क्रूरकर्मा रावण के पापों के समान तथा अन्य दुर्लभ कठोरता से युक्त मन वाली मन्थरा (कुब्जा या कुबड़ी) है, जिसके शरीर की तरह उसका मन भी वक्र है, उपस्थित होती है। इस प्रथम परिचयात्मक पद्य में ही कवि ने मन्थरा के सम्पूर्ण व्यक्तित्त्व को उद्घाटित कर दिया है।

मन्थरा अत्यन्त अविवेकी व क्रोधी है। मन्थरा अत्यन्त कुशल मनोवैज्ञानिक है, वह अपनी किसी भी बात को स्पष्ट रूप में एक बार में श्रोता (कैकेयी) को नहीं सुनाती है, अपितु उसके मन में प्रबल जिज्ञासा उत्पन्न करते हुए प्रस्तुत करती है।

शूर्पणखा

कम्ब रामायण में अरण्यकांड के छठे 'शूर्पणखैप्पड़लम' में शूर्पणखा की कथा विस्तार पूर्वक मिलती है।

कम्बन ने तुलसी के चित्रण से सर्वथा भिन्न अत्यन्त सजीव रूप में किन्तु मनोवैज्ञानिक ढंग से शूर्पणखा का चरित्रांकन किया है।

कम्बन की शूर्पणखा अत्यधिक चतुर मायावी तथा कूटनीतिज्ञ है। वह लक्ष्मी मन्त्र द्वारा अतीव सुन्दरी एवं अप्रतिम मनोरम रमणी का लुभावनी रूप धारण करने में दक्ष है।

कम्बन की शूर्पणखा अतीव रूप की मल्लिका है। राम की दृष्टि में स्वर्ग से उतरने वाली शूर्पणखा अनुपम, मधुर, अमृत तुल्य है। ऐसी वह सुन्दरी मानो स्तनों के भार से कमर लचकाती हुई आ रही थी।

कम्बन के राम शूर्पणखा के अनुपम, अनिन्द्य सौन्दर्य को देखकर विस्मित होकर सोचने लगते हैं कि सुन्दरता की भी कोई सीमा है? आभरण भूषित सुन्दरियों में इसका उपमान कौन हो सकता है?

कम्बन की शूर्पणखा राम के सौन्दर्य को देखकर कामदेव के भ्रम में भ्रमित होने लगती है।

शूर्पणखा अत्यन्त चतुर एवं कुछ हठी स्वभाव वाली है। नाना प्रकार के तर्क-कुतर्क द्वारा अपनी बात को न्यायसंगत सिद्ध करने का प्रयास करती है।

शबरी

दक्षिण भारत, मुख्य रूप से तमिलनाडु में भी जनसामान्य में यही धारणा है कि शबरी ने राम को जूठे बेर खिलाये थे, किन्तु आचार्यों-मनीषियों आदि में ऐसी धारणा नहीं है। अपितु वे इस विषय में स्पष्ट हैं कि शबरी ने राम को कन्द-मूल आदि खिलाये थे। तमिल भाषा एवं साहित्य में रामकथा से सम्बन्धित सर्वाधिक जनप्रिय एवं सर्वश्रेष्ठ महाकाव्य कम्बन प्रवीत कम्ब रामायण है। कम्ब रामायण (लगभग 12वीं शताब्दी) के अरण्यकांड के बारहवें शबरिरिप्पुनीड् : गुपड़लम में यह कथा वर्णित है–"मतंग आश्रम में शबरी ने राम की स्तुति की। फिर उसने बड़े प्रेम से एकत्र कर रखे हुए फल कन्द आदि लाकर उन (राम-लक्ष्मण) को भोजन कराया है। इस महाकाव्य में भी जूठे बेर या जूठे फल का उल्लेख नहीं है, अपितु यहाँ पर भी शबरी 'फल-कन्द' ही राम के लिए लाती है।"

तारा

बालि की पत्नी तारा का चरित्र रामकथा में विभिन्न दृष्टियों से महत्त्वपूर्ण है। तारा को समग्र वानर जाति की स्त्रियों का प्रतिनिधि माना जा सकता है। तारा के चरित्र में वानर जाति की स्त्रियों की सामाजिक स्थिति तथा परिवार में उसके महत्त्व की झाँकी मिलती है।

कम्ब रामायण की तारा राज्य कार्य में भी गहरी रुचि लेती है तथा उस पर सूक्ष्म दृष्टि रखती है।

कम्ब रामायण में कवि ने तारा के सौन्दर्य पक्ष और दिव्य व्यक्तित्त्व पर भी प्रकाश डाला है। कम्बन ने तारा को अमृत समान पवित्र एवं सुखदायी, बाँस सदृश कन्धों वाली, पर्वतोपम स्तन जिनका अग्रभागमुकुलित था, मयूराभा सदृश रूप तथा कोकिल समान मधुर भाषिणी, घुँघराले काले केश, मन हर कन्धों वाली, परिशुद्ध हृदय वाली, पवित्र मन वाली तथा आयताक्षी के रूप में वर्णित किया है। इस प्रकार कम्बन ने तारा के अद्वितीय सौन्दर्य पक्ष तथा महनीय व्यक्तित्त्व को कुशलतापूर्वक प्रस्तुत किया है।

कम्बन की तारा एक कुशल मनोवैज्ञानिक है। कम्बन रामायण की तारा कृतज्ञ एवं न्यायप्रिय है। वह गलती करने वाले की कटु शब्दों में निन्दा करने वाली है। चाहे वह गलती करने वाला व्यक्ति उसका परम प्रिय ही क्यों न हो?

त्रिजटा

कम्ब रामायण में त्रिजटा का प्रथमोल्लेख सुन्दरकांड के काटिवप्पड़लम में प्राप्त होता है। राक्षस कुल से सम्बन्धित होने पर भी त्रिजटा सभी सद्गुणों से युक्त है। सीता के वित्रस्त जीवन में नयी स्फूर्ति का संचार करने वाली त्रिजटा कम्बन के अमृत का कार्य करने वाली विशेषण की अन्वर्थपात्रा है।

मन्दोदरी

मयदानव की पुत्री, राम के प्रमुख प्रतिनायक रावण की पत्नी, परमवीर इन्द्रजीत की माता।

कम्ब रामायण में मन्दोदरी का चरित्र अतीव रूपवती, पतिपरायणा, पुत्रवत्सला, कर्त्तव्य परायणा और नीतिज्ञा के रूप में मिलता है।

कम्ब रामायण के 'अक्क कुमारवधैपड़लम' में मन्दोदरी का दर्शन मिलता है। कम्बन मन्दोदरी के रूप लावण्य पर मुग्ध है। सीता-राम को मन्दोदरी, लक्ष्मीनारायण का अवतार मानती है। एक श्रेष्ठ पतिपरायणा एवं कर्त्तव्यपरायणा होने के कारण वह अपने पति से राम से शत्रुता त्यागने का परामर्श

देती हुई सीता को लौटाने के लिए निवेदन करती है। कम्बन भारतवर्ष की आदर्श पतिव्रताओं की सरणि में ही मन्दोदरी को प्रस्तुत करते हैं।

मन्दोदरी नैतिक मूल्यों की समर्थक है। वह सीता के सौन्दर्य एवं पातिव्रता की प्रशंसिका है। रामकथा के सम्पूर्ण नारी पात्रों में मन्दोदरी ही सर्वश्रेष्ठ पतिव्रताा है।

सन्दर्भ ग्रन्थ

1. वाल्मीकि रामायण 2/30/3,4
2. कम्ब रामायण, अरण्यकांड—रावणनशूलच्चिपड़लम 3/8/12-13
3. कम्ब रामायण, अयोध्याकांड—नगरनीड़गुप्पड़लम 2/4/9-14
4. कम्ब रामायण, अयोध्याकांड—गृहाप्पड़लम 2/11/65
5. कम्ब रामायण, अयोध्याकांड—मन्थरेशूलप्यिपड़लम 2/2/42-43
6. कम्ब रामायण, अयोध्याकांड—कैकेयीशूलविनेप्पड़लम 2/3/10
7. कम्ब रामायण, अयोध्याकांड—नगरीनीड़पुप्पड़लम 2/4/48
8. कम्ब रामायण, अयोध्याकांड—गृहप्पड़लम 2/11/70
9. कम्ब रामायण, बालकांड—तिरुअवतारप्पड़लम 1/5/105
10. कम्ब रामायण, बालकांड—ताटकैवधेप्पड़लम 1/7/49
11. कम्ब रामायण, बालकांड—अकलिकैपड़लम 1/9/70
12. कम्ब रामायण, बालकांड—कोलमकाणपड़लम
13. कम्ब रामायण, अरण्यकांड—शूर्पणखैप्पड़लम 3/6/53
14. कम्ब रामायण, सुन्दरकांड—तिरुवडितोलुपड़लम 5/15/62
15. कम्ब रामायण, बालकांड—कारमुकप्पड़लम—53
16. कम्ब रामायण, युद्धकांड—मायाजनकडपल्म
17. कम्ब रामायग, बालकांड—मिथिलैकाडिप्पड़लम 1/10/35-42
18. कम्ब रामायण, अरण्यकांड—रावणवशूलिपड़लम 3/8/74
19. कम्ब रामायण, युद्धकांड—मीटयिप्पपड़लम 6/37/41-42
20. कम्ब रामायण, सुन्दरकांड—चुडामणिपड़लम 5/6/18-19
21. कम्ब रामायण, बालकांड—कडिमपणपड़लम
22. कम्ब रामायण, अयोध्याकांड—मन्थरैशूलय्यिपड़लम 2/2/39
23. कम्ब रामायण, अरण्यकांड—शूर्पणखैप्पड़लम 3/6/23
24. कम्ब रामायण, अरण्यकांड—शबरिरिप्पुनीडगुपड़लम
25. कम्ब रामायण, किष्किन्धाकांड—तारैपुवुरुपड़लम
26. कम्ब रामायण, रावणमवधेप्पड़लम 6/36/23

कम्ब रामायण में नारी-पात्र

डॉ. राजलक्ष्मी कृष्णन

कम्ब रामायण और तुलसीदास रामायण दो ऐसी महान कृतियाँ हैं जिनके नारी पात्रों के अध्ययन से भारत के दो प्रदेशों के नारी जीवन के यथार्थ सामाजिक मान्यताओं एवं सांस्कृतिक आदर्शों पर प्रकाश पड़ता है। तुलसीदास और कम्बन के पीछे अपने-अपने भाषा क्षेत्र की दो भिन्न-भिन्न काव्य परम्पराएँ रही हैं जिनका प्रभाव इन कवियों के मानस पर पड़ना स्वाभाविक है।

वैदिक काल में संस्कृति और सभ्यता उन्नत अवस्था में थी। इस काल में पारिवारिक और सामाजिक जीवन उत्कृष्ट था। इस काल में नारी की सामाजिक सत्ता लगभग पुरुष के ही समान थी, अतः इस समय को हम नारी उत्कर्ष का युग भी मान सकते हैं।

महाभारत की अपेक्षा रामायण अधिक आदर्शपरक काव्य है। इसमें अनेक नारीपात्र, सीता, कौसल्या, अनसूया, मन्दोदरी आदि पातिव्रत्य के आदर्श के रूप में प्रतिष्ठित हैं। सीता का पात्र परिपूर्ण एवं आदर्श भारतीय नारीत्य मात्र को प्रतिपादित करने वाला है। कौसल्या और सुमित्रा के द्वारा उत्कृष्ट मातृत्व एवं पत्नीत्व के आदर्श स्थापित हैं। कैकेयी एवं मन्थरा नारी की मानसिक अस्थिरता का प्रकाशन करती हैं। अनसूया के द्वारा पातिव्रत्य और शबरी द्वारा राम के प्रति असीम श्रद्धा और भक्ति का दर्शन होता है।

ताड़का उसकी रणधीरता एवं आक्रोशमय प्रतिशोध भावना को व्यक्त करती है।

रामायण के नारी पात्रों में सीता का चरित्र सबसे अधिक महत्त्वपूर्ण है। उसके बाद नारी पात्रों में शूर्पणखा तथा कैकेयी हैं। अन्य नारी पात्रों में कौसल्या, सुमित्रा, मन्थरा, तारा, शबरी, अहल्या, ताड़का इत्यादि हैं।

इसके अलावा भरत की पत्नी मांडवी, लक्ष्मण की पत्नी उर्मिला, शत्रुघ्न की पत्नी श्रुतिकीर्ति आदि के नाम भी उल्लेखनीय हैं।

कम्ब रामायण की सीता की नीलमालै नामक एक सहेली तथा तुलसी रामायण की सुनयना, सती, उमा, मैनावती आदि इन काव्यों के मौलिक पात्र हैं। इसके अलावा अनेक दासियाँ, सखियाँ भी नारी-पात्रों में सम्मिलित हैं।

सीता

विभिन्न ग्रन्थों में सीता को रक्तजा, भूमिजा, पद्मजा, अग्निजा आदि रूपों में बताया गया है। वाल्मीकि रामायण में भूमि से सीता के जन्म का उल्लेख, जनक और सीता के द्वारा हुआ है। कम्ब रामायण में सीता की उत्पत्ति हल की नोक से हुआ माना जाता है। तुलसी रामायण में अध्यात्म

रामायण की भाँति सीता के जगज्जननी स्वरूप पर प्रकाश डाला गया है। पृथ्वी की पुत्री के रूप में सीता को स्वीकार किया गया है।

कम्बन और तुलसीदास दोनों कवियों ने विवाह के अवसर पर सीता के अपूर्व सौन्दर्य का वर्णन किया है। कम्बन ने वधू की सजावट का वर्णन बीस पदों में किया है। (कम्ब रा. 1-20--3-23) विवाह के अवसर पर सीता की लाज एवं उसके संकोच को दोनों कवियों ने प्रकट किया है। कम्ब रामायण में सीता कंकण को ठीक करने के बहाने कनखियों से राम की ओर देखती है।

''निज पानि मनि महुँ देखि, अति मूरति रूप निधान की।
चलति न भुजवल्ली, बिलोकनि बिरहमय बस जानकी।''

(तुलसी रामायण 1-326-3)

राम के वनगमन के प्रसंग पर पहली बार सीता की मानसिक दृढ़ता और उसकी पति भक्ति का परिचय मिलता है। अब तक वह सुखपूर्वक जीवन बिता रही थी परन्तु अब वन जाने के लिए उसे श्रीराम से आज्ञा लेनी पड़ती है।

श्रीराम वनवास ले जाने से जब उसे मना करते हैं तब वह श्रीराम से तर्क करती है और वाल्मीकि रामायण में सीता की प्रतिक्रिया तीव्र होती है। पहले वह श्रीराम से उसे साथ ले जाने के लिए विनती करती है, परन्तु जब श्रीराम वनवास के कष्टप्रद जीवन की व्याख्या कर उसे साथ ले जाने को मना करते हैं तब सीता दुःखी होकर कहती है कि श्रीराम यदि उसे वन में नहीं ले चलेंगे तो वह विष या जल या अन्य किसी के सहारे आत्महत्या कर लेगी। (वा.रा. 2-29-21) फिर भी श्रीराम उसे मना कर देते हैं तब सीता उनका उपहास करती है और उनसे पूछती है कि क्या वे अपनी पत्नी की रक्षा करने में असमर्थ हैं?

कम्ब रामायण में वनप्रसंग के समय श्रीराम और सीता के संवाद का बहुत ही संक्षिप्त वर्णन है। राम सीता से ''मैं वन जाऊँगा, तुम दुखी मत होना'' कहते हैं। (कम्ब रामायण 2-4-224) उनकी बात सुनकर सीता दुखी हो जाती है। वह श्रीराम से कहती है कि ''आप मुझे अपने से अलग समझने लगे'' इसलिए ''हम जाएँगे'' कहने के बजाय ''मैं जाऊँगा'' कहते हैं। इस वचन से सीता की भावुकता स्पष्ट प्रतीत होती है।

कम्ब रामायण में सीता अधिक समय तक वार्तालाप नहीं करती है। वह स्वयं वल्कल वस्त्र पहनकर तैयार हो जाती है और राम के साथ वन जाने के लिए तैयार होकर खड़ी हो जाती है। इसमें उनकी वीरता और आत्मविश्वास प्रकट होता है।

कम्ब रामायण में कवि ने प्रकृति के सौन्दर्य के साथ-साथ सीता के सौन्दर्य का बखूबी वर्णन किया है। वन्य दृश्य दिखाते समय सीता के प्रति राम के सम्बोधन सौन्दर्य बोधक अनेक विशेषणों से भरे हुए हैं। (कम्ब रामायण 2-7-3, 9-12)

वन में श्रीराम और सीता के साथ कुछ समय तक सुमन्त रहते हैं, बाद में श्रीराम के आज्ञानुसार वे सबको छोड़कर अयोध्या जाने के लिए तैयार हो जाते हैं। कम्ब रामायण और तुलसी रामायण में सीता इस अवसर पर अपना सन्देश अयोध्यावासियों को सुमन्त द्वारा भेजती है। उसका सन्देश अपनों के प्रति प्रेम, स्नेह, श्रद्धा और अपने पालित पशुओं के प्रति प्रेम का भी प्रकट करता है। सीता अपनी बहिनों को उनकी देखरेख करने का सन्देश भेजती है। (कम्ब रामायण 2-5-40)

चित्रकूट प्रसंग में दशरथ की मृत्यु का सन्देश सुनकर सीता दुःखी होकर रोने लगती है और वह भी राम-लक्ष्मण के साथ जलांजलि देने के लिए नदी तट पर जाती है। कम्ब रामायण में माताएँ

सीता से गले मिलकर रोती हैं। मुनि पत्नियाँ सीता को धैर्य पहुँचाती हैं।

चित्रकूट प्रसंग में तुलसी ने जगह-जगह पर सीता की सेवाभाव को प्रकट किया है। इस अवसर पर वह अनसूया के उपदेश के अनुसार कार्य करती है। कम्ब रामायण में (3-1-5) एक ही पद में सीता के अनसूया से दिव्य भूषण आदि ग्रहण करने का उल्लेख है।

तुलसीदास में अनसूया "सुनु सीया तब नाम मुनि नारि पतिव्रत करहि।" कहकर सीता के पतिव्रताा के महत्त्व को प्रकट करती है।

आध्यात्मिक और तुलसी रामायण में मायामृग को माँगने के पूर्व सीता श्रीराम की आज्ञा से कुछ समय तक अग्नि में वास करती है और उनके स्थान पर उसकी छाया मात्र रह जाती है। रावण इसी छाया का अपहरण करता है। अग्नि-परीक्षा के समय छाया सीता अग्नि में जल जाती है और वास्तविक सीता फिर से प्रकट होकर श्रीराम से मिल जाती है।

कौसल्या

श्रीराम की माता, पुत्र-वत्सला एवं धर्मशीला हैं। कम्ब रामायण में कौसल्या दशरथ की पत्नी और राम की माता के रूप में वर्णित है परन्तु इनके माता-पिता, कुल आदि के सम्बन्ध में कम्बन मौन हैं।

कौसल्या का वर्णन कम्ब रामायण के अयोध्याकांड में विस्तारपूर्वक मिलता है। कौसल्या समदर्शी है, उन्हें राम या भरत के राजा होने में कोई अन्तर दिखाई नहीं पड़ता। वह राम को भरत के साथ रहने का परामर्श देती है।

कौसल्या श्रीराम को दशरथ के उत्तराधिकारी के रूप में राजमुकुट धारण किये हुए अपने पुत्र के आने की प्रतीक्षा करती है परन्तु जब राम अकेले वन-गमन जाने के लिए उनसे आशीर्वाद प्राप्त करने आते हैं तब सामान्य भाव से कौसल्या कारण पूछती है—इसका उत्तर देते हुए श्रीराम कहते हैं कि, "आपका प्रेम-पात्र उत्तम गुणवाला मेरा भाई भरत मुकुट धारण करने वाला है।"

यद्यपि कौसल्या दशरथ के अन्य पत्नियों के पुत्रों पर भी राम के समान स्नेह रखती है, परन्तु श्रीराम के वनगमन की सूचना पाते ही एक सामान्य माता के समान फूट-फूटकर रोने लगती है और मूर्च्छित होकर गिर जाती है। इसमें उसका मातृत्व उमड़ पड़ता है।

वन जाते समय राम से कौसल्या कहती है कि वन-देवता तुम्हारे पिता, वन देवियाँ तुम्हारी माता और वहाँ के पशु-पक्षी तुम्हारे सेवक होंगे। कम्ब रामायण में ऐसा वर्णन नहीं है। राम की तरह सीता पर भी उनका अत्यधिक स्नेह है। एक आदर्श सास की भाँति सीता पर उनका पुत्रीवत् स्नेह है। "दीप बाति नहीं टारन कहऊँ।" (रामचरितमानस 2/59/3) से उनका सीता पर असीम स्नेह प्रकट होता है। कम्ब-रामायण में ऐसा वर्णन नहीं है। कौसल्या को एक आदर्श माता के रूप में चित्रित किया गया है। उन्हें एक स्नेहपूरिता आदर्श सास, आदर्श राजमाता, श्रेष्ठ नीतिज्ञा के रूप में कम्ब रामायण में दर्शित किया गया है जो प्रत्येक भारतीय नारी के लिए एक जाज्वल्यमान आदर्श है।

कैकेयी

रामकथा में दशरथ की तीन रानियों का उल्लेख मिलता है परन्तु दशरथ ने कब, कैसे और किन परिस्थितियों में इनसे विवाह किया, यह कम्ब रामायण और रामचरितमानस में कहीं नहीं मिलता। केकय-नरेश की पुत्री होने के कारण उसका नाम कैकेयी पड़ा। शील, सौन्दर्य, तेजस्विता, कूटनीति, लक्ष्य के प्रति दृढ़ निश्चय आदि गुणों से पूर्ण कैकेयी अपने जीवन के पूर्वार्द्ध में दशरथ से लेकर सम्पूर्ण प्रजा की रानी बनकर सभी का हृदय जीत लेती है परन्तु जीवन के उत्तरार्द्ध में क्रूर नियति

का शिकार होकर सम्पूर्ण समाज में नारी जाति के लिए कलंक बनकर रह जाती है। वह कठोरता का प्रतीक बन जाती है। कैकेयी द्वारा अयोध्या में अचानक बदलाव हुआ उस समय भरत ननिहाल में था। लौटने के बाद जब वह सारी घटनाओं से अवगत हुआ तो, उसके माथे पर पहाड़ गिर पड़ा, उसे लगा कि जैसे पाँव तले जमीन खिसक गयी है। माता की करतूतों पर उसे बड़ी ग्लानि हुई। क्रोध में आकर भरत माँ को खरी-खोटी सुनाने पर उतारू हो गये। तुलसीदास जी लिखते हैं–

धीरज धरि भरि लेहिं उसासा, पापिनी सबहिं भाँति कुलनासा।
जो पै कुरुचि रही अति तोही, जनमत काहे न मारे मोही।

रामचरितमानस, अयोध्याकांड, पृ. 462

कैकेयी का परिचय कम्ब रामायण से अयोध्या कांड के द्वितीय-तृतीय पड़लम में मिलता है। कम्बन ने कैकेयी का चित्रण अत्यन्त उदात्त और श्रेष्ठ गुण सम्पन्ना के रूप में किया है। चारों पुत्रों से राम पर उसका विशेष अनुराग है। जहाँ अन्य लोगों ने कैकेयी को दुष्टा के रूप में चित्रित किया है, वहाँ कम्बन ने उसे उदारता की देवी के रूप में प्रस्तुत किया है।

कम्बन की कैकेयी के विचार-परिवर्तन का कारण तुलसी से भिन्न है। गुणशालिनी कैकेयी मन्थरा नामक दासी की मन्त्रणा से भयंकर स्वार्थी, अपयश से न डरने वाली, स्वार्थ-सिद्धि के लिए कुछ भी कर सकने वाली, अन्याय करने में दृढ़संकल्पा बन जाती है। वह विवेक खोकर, पति खोकर, वैधव्य और महान अपयश प्राप्त करती है।

कम्बन दशरथ की मृत्यु का पूर्वाभास कैकेयी द्वारा अपने ललाट की बिन्दी मिटाने, चूड़ियाँ उतारकर फेंकने और अपने बाल खोलकर पृथ्वी पर लोटने पर कर देते हैं और सीता का वनगमन कवि ने द्वितीय पड़लम में किया है।

कम्बन की कैकेयी दूरदृष्टि सम्पन्न तथा नीतिज्ञा है। वह कुल गुरु वसिष्ट के अनुरोध की उपेक्षा करती है। वह अत्यन्त नीतिज्ञ तथा धर्मज्ञ किन्तु त्रियाचरित्र के साथ-साथ सिसक-सिसक कर रोते हुए कहती है–अगर राजा अपने वचन को पूर्ण नहीं करते, तो वे सत्य से विचलित हो जायेंगे और मैं तुरन्त मर जाऊँगी। यह वर्णन रामचरितमानस रो सर्वथा भिन्न है।

सम्पूर्ण राम-कथा में एकमात्र कैकेयी का ही ऐसा चरित्र है जो प्रशंसा के साथ ही साथ निन्दा का भी पात्र है। कैकेयी के चरित्र में नारी प्रकृति की परस्पर विरोधी प्रवृत्तियों का अद्भुत समन्वयात्मक रूप मिलता है। इस चरित्र के माध्यम से कवि ने नारी के मानसिक द्वन्द्व और मनोभावों के परस्पर संघर्ष का अत्यन्त सुन्दर, सजीव और मनोवैज्ञानिक चित्रण प्रस्तुत किया है।

कैकेयी के मन में राम के प्रति करुणा, स्नेह तथा वात्सल्य था परन्तु मन्थरा की कुमन्त्रणा एवं अन्य अनेक कारणों से वह स्वयं राम-वनगमन का कारण बनती है और अपनी सहज करुणा खो देती है।

कम्बन, जो नारी को हमेशा आदरणीय एवं पूज्या मानते हैं। कैकेयी की हृदयहीनता और क्रूरता उनके मार्ग से विचलित कर देती है और वे भी तुलसीदास की तरह नारी के 'इस रूप' के आलोचक बन जाते हैं। कम्ब रामायण 2/3/17

सुमित्रा

लक्ष्मण और शत्रुघ्न की माँ और राजा दशरथ की तीन रानियों में एक है। इनका चित्रण कम्ब रामायण में संक्षिप्त रूप से किया गया है। छोटी रानी होने के कारण उसे दो बार खीर दी गयी

इसलिए वह दो पुत्रों की माँ बनी। कम्ब रामायण में खीर वितरण के समय सर्वप्रथम सुमित्रा का कथा-प्रवाह में प्रवेश होता है।

कम्ब रामायण में सुमित्रा को त्याग की देवी के रूप में प्रस्तुत किया गया है। अपने बेटों से बढ़कर वे राम से अधिक स्नेह करती हैं। जब लक्ष्मण वनवास जाने के लिए माँ से आज्ञा लेने आते हैं तब सुमित्रा आदेश देते हुए कहती हैं कि, "सीता-राम ही तुम्हारे माता-पिता हैं। दण्डकारण्य तुम्हारे लिए अयोध्या है, तुम्हारा अब यहाँ रहना अपराध है। तुम भी राम-सीता के साथ वन जाओ और भाई होकर नहीं, दास होकर उनकी सेवा करो। यदि वे लोग अयोध्या लौटैं तो उनके साथ ही वापस आना अन्यथा उनसे पूर्व तुम अपने प्राण त्याग देना।" कम्ब रामायण 2/4/146, 147

कम्बन ने सुमित्रा को प्रेम, त्याग, आदर्श और वात्सल्य की प्रतिमूर्ति के रूप में दर्शाया है।

रामकथा में शबरी का भी एक महत्त्वपूर्ण स्थान है। शबरी प्रसंग में अपने इष्ट राम के प्रति उसका भक्तिभाव उत्कृष्ट रूप से प्रकट हुआ है। उसका विश्वास था कि श्रीराम अवश्य ही उसकी कुटिया में आयेंगे। वर्षों की प्रतीक्षा के बाद भी उसका विश्वास टूटता नहीं।

भगवान श्रीराम अपने भाई लक्ष्मण के साथ जैसे ही शबरी आश्रम में पहुँचते हैं, शबरी उन्हें देखकर हाथ जोड़कर खड़ी हो जाती है और उनके चरणों पर गिरकर प्रणाम करती है। उनका आदर-सत्कार करती है।

शबरी श्रीराम को प्रेम से जूठे बेर खिलाती है और श्रीराम भी उसके प्रेम को देखकर गदगद हो जाते हैं। शबरी की कहानी से हमें दलित वर्ग की बात याद आती है। दलित वर्ग समुदाय हमारे समाज के लिए कितनी सेवा करता है और वे हमें कितना प्यार देते हैं किन्तु हम उन्हें उपेक्षित भाव से देखते हैं। वे भी मनुष्य हैं, उनके मन में भी हमारे प्रति सद्‌भावना है, यह तथ्य हमें शबरी कहानी से उद्‌भासित होता है। राम-कथा हमें वर्तमान काल में समाज के कमजोर वर्ग के अपने भाइयों की स्थिति सुधारने की बात याद दिलाती है।

शबरी राम की पूजा-अर्चना-प्रदक्षिणा आदि कर थक जाती है और बिस्तर पकड़ती है, तब राम अपना सारा दुःख भूलकर उसकी सेवा करते हैं।

शबरी कहती है कि 'बेटा मेरे लिए दुःखी मत हो। हरी पत्ती के लिए उपचार की जरूरत है, पके पत्ते के लिए यह सब क्यों?' 'रामायण दर्शनम्।'

वाल्मीकि रामायण की शबरी सिद्धा है, चारुभाषिणी है और सिद्ध पुरुषों द्वारा सम्मानित है। शबरी का श्रीराम से प्रभावित होना तो स्वाभाविक है, परन्तु राम भी शबरी से प्रभावित होते हैं यह बहुत ही महत्त्वपूर्ण बात है।

गोस्वामी तुलसीकृत रामचरितमानस में शबरी प्रसंग अरण्यकांड में प्राप्त होता है। जो शबरी नीच जाति की थी, ऐसी स्त्री को राम ने मोक्ष प्रदान किया। यह शबरी का राम के प्रति निश्छल, निष्कपट एवं प्रगाढ़ प्रेमपूर्वक भक्ति का ही प्रतिफल है।

अनसूया

रामायण के प्रमुख पात्रों में अनसूया का भी महत्त्वपूर्ण स्थान है। अत्रिमुनि की पत्नी अनसूया का तपोबल प्रख्यात है। उसने सीता को वस्त्र, आभूषण आदि का दान दिया था। वाल्मीकि रामायण (3-117, 9, 13) में अत्रिमुनि ने बताया है कि एक बार जलवृष्टि के अभाव में संसार झुलसने वाला था तब अनसूया ने अपनी तपस्या के बल पर मुनियों के लिए फल, फूल उत्पन्न किये और स्नान

के लिए गंगा-बहायी। इसके अलावा सीता के लिए उसके मन में अपार स्नेह था।

कम्बन ने एक ही पद में (3-15) सीता के अनसूया से आभूषण आदि स्वीकार करके, राम के साथ जाने का उल्लेख किया है। कम्बन का चित्रण आधार काव्य की तुलना में एकदम संक्षिप्त है। तुलसी रामायण में सीता के साथ अनसूया के संवाद में उपदेशात्मक का स्वर तीव्र है। तुलसी रामायण में अनसूया के तपोबल से मन्दाकिनी को प्रसारित करने का उल्लेख हुआ है।

अहल्या

दुर्बल चित्तवाली स्त्रियों के लिए अहल्या की कथा एक चेतावनी के रूप में है।

वाल्मीकि रामायण में गौतम मुनि के वेश में आये हुए देवेन्द्र के साथ अहल्या के जानबूझकर पापकर्म में प्रवृत्त होने का वर्णन उसकी स्वभावगत चंचलता को प्रकट करता है। राम के दर्शन से उसका उद्धार होता है। वह पवित्र होकर अपने पति के साथ मिलकर राम-लक्ष्मण की पूजा करती है।

अध्यात्म रामायण में अहल्या का पाप, गौतम का शाप आदि का वर्णन है। कम्बन के चित्रण की प्रमुख विशेषता पात्र को उसके द्वारा दिलाई हुई उदात्तता है। कम्ब रामायण में राम और विश्वामित्र अहल्या को गौतम मुनि के आश्रम में ले जाते हैं और उसकी पवित्रता का उल्लेख करते हैं फिर गौतम मुनि से विदा लेते हैं।

कम्ब रामायण के अनुसार रावण मरणासन्न भूमि पर पड़ा हुआ है। उसका पूरा शरीर राम के बाण से छलनी हो गया। अन्तिम बाण छोड़ते समय श्रीराम ने बाण को आदेश दिया कि रावण के शरीर के अन्दर पहुँचकर देखो तो सही, रावण के हृदय में कहीं सीता का नाम तो अंकित नहीं है। बाण रावण के शरीर में प्रत्येक जगह खोजता है और अन्त में रावण के चरणों में गिर जाता है। इससे श्रीराम को मालूम होता है कि रावण के हृदय में कहीं भी सीता का नाम नहीं है, फिर भी रावण ने सीता का अपहरण क्यों किया? उत्तर यही है, रावण की बहन शूर्पणखा का नाक-कान छेदन कर उसे अपमानित किया। इसका बदला लेने के लिए रावण ने सीता का अपहरण किया।

इससे हमें यही शिक्षा मिलती है कि किसी भी स्त्री के साथ घृणास्पद कार्य नहीं करना चाहिए।

परपुरुष को कभी भी मन में न लाकर पति के प्रति विश्वसनीयता को निभाना पत्नी का धर्म है। कम्ब रामायण में सीता की विश्वसनीयता का उज्ज्वल चित्र हनुमान के द्वारा प्रस्तुत किया है। कौसल्या के द्वारा भी इसको पूरी तरह निभाया गया है। राम-सीता के आदर्श दाम्पत्य का चित्रण कम्बन ने सुन्दर ढंग से किया है।

शूर्पणखा प्रसंग में कम्बन ने अपनी मौलिकता का विशेष परिचय दिया है। आरम्भ में कम्बन ने शूर्पणखा के सौन्दर्य का वर्णन किया है। जब वह राम से प्रणय निवेदन करती है तब श्रीराम उसे समझाते हैं कि वे विवाहित हैं और उसकी पत्नी सीता है। तब शूर्पणखा सारी रात विरह में छटपटाती है और सोचती है कि उसके प्रति उपेक्षा का कारण सीता ही है। इसलिए अगले दिन वह सीता को उठा ले जाने के लिए आश्रम पहुँचती है। यहाँ लक्ष्मण सीता जी की रक्षा कर रहे थे। जैसे ही शूर्पणखा सीता की ओर झपटी, लक्ष्मण ने शीघ्रता से उसके केश पकड़ उस पर पदाघात किया। इससे नाराज होकर वह लक्ष्मण पर झपटी, तब लक्ष्मण उसके नाक-कान काट लेते हैं। लक्ष्मण का शूर्पणखा पर प्रहार आत्मरक्षा से प्रेरित था जिसके लिए उनको दोष नहीं दिया जा सकता।

रावण द्वारा सीता हरण के प्रसंग में भी कम्बन ने महत्त्वपूर्ण संशोधन किया है। रावण सीता का स्पर्श न कर उन्हें पर्णकुटी सहित उठा कर ले जाता है। वाल्मीकि के राम आदर्श मानव हैं। मर्यादा

पुरुषोत्तम हैं, जबकि कम्बन ने अपने राम को नारायण और सीता को लक्ष्मी के अवतार के रूप में चित्रित किया है। श्रीराम मानव के समान सहज व्यवहार करते हैं।

रामचरितमानस और कम्ब रामायण में नारी पात्र का चरित्र-चित्रण सत्यं-शिवं-सुन्दरम् से समन्वित प्रसंग साहित्य की एक ऐसी निधि है जिसका सम्बल पाकर मनुष्य की जीवन-यात्रा सुगम और सरल हो सकती है। नारी के प्रति कम्बन तथा तुलसीदास के दृष्टिकोण की भूमिका में उनके व्यक्तिगत स्वभाव, परिस्थितियाँ और पूर्ववर्ती मान्यताएँ आदि तत्त्व निहित हैं। कम्बन और तुलसीदास दोनों ने नारी के पातिव्रत्य को समाज-सापेक्षित धर्म के रूप में माना है। सतियों के बल से समाज टिकता है अथवा उजड़ता है।

मन्दोदरी कौसल्या, सीता और सुमित्रा की भाँति साध्वी-पत्नी थी। अपने पति के प्रति उसका मनोभाव पूर्ण रूप से भारतीय संस्कृति में पगा हुआ था। रावण की दुष्टता और नीचता जग विख्यात थी। सीता का अपहरण न करने के लिए कई बार उसने अपने पति को समझाया किन्तु अन्त में मन्दोदरी ने अपने पति की दुर्बलताओं से समझौता कर लिया था।

कम्ब रामायण में रावण की मृत्यु पर विलाप करने के अवसर पर मन्दोदरी का सहज गर्व, पति के अपनी बात न मानने पर उसका क्षोभ आदि का वर्णन है। कम्ब ने राम के साथ सुमित्रा के स्नेह स्निध्य सम्बन्ध का प्रकाशन एक दो मौलिक प्रसंगों में किया है। शूर्पणखा में कम्बन और तुलसीदास ने रूप-चेतना की प्रतिष्ठा की है। अहल्या के प्रति कम्बन की दृष्टि अधिक उदार है। दोनों कवियों ने कैकेयी को परिस्थिति के शिकार के रूप में अधिक उभारा है।

कम्बन और तुलसीदास के द्वारा नारी पात्रों के उद्घाटन से आदर्श की ओर उनकी उन्मुखता एवं उनकी परिष्कृत अभिरुचि अभिव्यंजित है। तुलसीदास का चित्रण उनकी भक्तिभावना से प्रेरित है।

अध्यात्म, दर्शन एवं साहित्य की सर्वश्रेष्ठ पूँजी समेटकर जीवन पथ का हर पथिक युग-युगान्तर तक अपने पथ पर अग्रसर होता रहेगा। हमारा यह विश्वास जितना अटल और अक्षुण्ण है, उतना ही अर्थपूर्ण भी है।

सन्दर्भ ग्रन्थ

1. रामचरितमानस—गोस्वामी तुलसीदास
2. तमिल कम्ब रामायण—डॉ. एम शेषन्
3. संक्षिप्त रामायण—सत्यप्रकाश चौधरी
4. रामकथा—नरेन्द्र कोहली
5. रामचन्द्र शुक्ल—गोस्वामी तुलसीदास, काशी।

श्रीराम के भव्य रूपों का चित्रण
कम्ब रामायण के सन्दर्भ में

के. सुलोचना

कम्ब रामायण बारहवीं शती का सर्वोत्तम तमिल महाकाव्य है। बारहवीं शताब्दी में चोळ राजा द्वितीय कुलोत्तुंगन के समय में महाकवि कम्बन ने इस रामायण के अमर काव्य की रचना की। उनके इस अमर काव्य रचना के कारण यह काल कम्बन काल के नाम से अधिक विख्यात हुआ। यह अनुपम महाकाव्य सम्पूर्ण तमिल वाङ्मय का गौरव ग्रन्थ है। भारतीय भाषाओं में प्रणीत श्रीरामकथा काव्यों में अनूठी काव्यकला और सरस अभिव्यंजना की दृष्टि से 'तुलसी रामायण' के समान यह 'कम्ब रामायण' भी सर्वोत्तम काव्यग्रन्थ माना जाता है। महाकवि कम्बन ने श्री रामचन्द्र जी को मर्यादापुरुषोत्तम एवं भगवान विष्णु का अवतार माना है। कम्बन के श्रीराम विश्व बन्धुत्व की कामना करने वाले हैं। उसमें ऊँच-नीच, जाति-पाँति का भेदभाव नहीं। श्रीराम मात्र मनुष्य के मित्र नहीं बल्कि पक्षी जटायु, वानर-सुग्रीव, राक्षस राजा विभीषण, भालू जामवन्त के भी मित्र रहे। इतना ही नहीं, शबर जाति की स्त्री के जूठे बेर खाकर यह सिद्ध कर दिया है कि प्रेम में उत्कृष्ट निर्मलता होती है।

कम्ब रामायण में अयोध्या नगरवासियों के प्रति राम के असीम प्रेम का उल्लेख करते हुए कवि कम्बन कहते हैं—"श्रीराम जितने आकार में अतुल मनोहर हैं उतने ही गुणों में भी। विद्याभ्यास के लिए भाइयों के साथ वसिष्ठ जैसे आचार्यों के पास आते-जाते वक्त सामने आयी जनता से श्रीराम प्रेम से पूछते हैं—

एतिर वरुम अवरगळै, एमैयुडै इरैवन
मुदिर तरु करुणैयिऩ् मुगमलर औंळिरा
"एदु विनै? इडर इलै? इनिदु नुम मनैयुम?
मतितरु कुमररुम् वलियर कॉल?" एनवे

("मेरा उद्धार करने वाले मेरे प्रभु श्रीराम तेजस्विता एवं कमल जैसे सुन्दर बदन से प्रेमादर से पूछते हैं—कौन-से काम के लिए जा रहे हैं? कष्ट तो नहीं हुआ न? घर में सब कुशल हैं? तुम लोगों के बुद्धिमान पुत्र कुशल हैं न?") इससे पता चलता है कि बचपन से ही श्रीराम प्रेम की मूर्ति रहे।

कम्ब रामायण के बालकांड में हम कम्बन के शब्दों में ध्वनि-माधुर्य एवं वर्णन चातुर्य का अधिक प्रदर्शन करते हुए पाते हैं। अन्य कांडों में कई विशेषताएँ पायी जाती हैं। इनमें कवि ने मानव हृदय के उद्‌गार, उमंग, तड़पन, कराह एवं क्रन्दन को चित्रित करने में अधिक ध्यान दिया है। प्रसिद्ध विद्वान पी.सी. आचार्य कम्बन के बालकांड को उसके महाकाव्य-भवन की 'द्वार-वाटिका' मानते हैं।

वाल्मीकि रामायण में धनुष-भंग से पूर्व राम और सीता के परस्पर दर्शन का उल्लेख नहीं है।

மாணிக்கவாசகர் நடராஜப்பெருமானை தரிசிக்க வந்த கீழ கோபுரம்

कवि कम्बन ने मूल-कथा में कुछ परिवर्तन किया है। तमिल परम्परा के अनुसार विवाह से पूर्व पूर्वराग आवश्यक है। इसी कारण कम्बन ने इसकी योजना की है। विश्वामित्र के साथ राम और लक्ष्मण के मिथिला पहुँचने से पूर्व ही मिथिलावासी राम-लक्ष्मण की शौर्य-गाथा से परिचित हो गये थे। दशरथ-पुत्रों के दर्शनार्थ वीथियों में अपार जन-समूह एकत्रित था। श्रीराम के गुणों की कथा से परिचित सीता भी उत्सुकतावश उनके दर्शन करने के लिए भवन में लतागृह में अपनी सहेलियों के साथ खड़ी थी। मुनि विश्वामित्र राम-लक्ष्मण को उसी रास्ते से ले आये। राम, जो सीधी निगाह किये चल रहे थे, एकाएक किसी अलौकिक आकर्षण से खिंच गये और उस ओर देखा जहाँ सीता खड़ी थी। राम ने उन्हें देखा, ठीक उसी समय सीता ने भी राम को देखा। कम्बन का कहना है—

"अण्णलुम नोक्किनार, अवळुम नोक्किाळ।"

दोनों की आँखें चार हुईं। बहुत देर तक दोनों अपनी दृष्टि को एक-दूसरे से हटा नहीं सके। इसी को तुलसीदास ने वाटिका प्रसंग में बहुत मनोहर ढंग से वर्णन किया है। राम के सौन्दर्य वर्णन को "गिरा अनयन नयन बिन पानी" कहकर हमें आनन्द सागर में डुबो देते हैं। तुलसीदास और कम्बन में पूर्वराग का वर्णन एकदम मौलिक है। शताब्दियों का अन्तर होने पर भी इस पूर्व-राग के वर्णन में एक उदात्त चित्रण को देखते हैं।

जब ताड़का-वध की बात आती है तो ताड़का-वध से पहले श्रीराम एक स्त्री को मारना पाप समझकर अपने गुरु की ओर देखते हैं। तब महर्षि उसे मारने का आदेश देते हैं। तब श्रीराम अत्यन्त विनय भाव से कहते हैं—"अधर्म होने पर भी अगर श्रद्धेय गुरु आप आदेश दें तो मैं उसका पालन करूँगा, क्योंकि आप सत्यशील हैं।" इससे राम की उत्कृष्ट गुरु भक्ति का बोध होता है।

वनवास जाने का आदेश जब कैकेयी देती है उस प्रसंग का वर्णन करते हुए वाल्मीकि राम से कहलवाते हैं कि मैंने कौन-सा अपराध किया ताकि मुझे पिताजी वनवास भेज रहे हैं। लेकिन कम्बन द्वारा चित्रित राम उससे भिन्न प्रकार सोचते हैं। वे कैकेई से कहते हैं—

"पिण्णवण् पणियेण्राल नंपुणि
मरुप्पेणो, तंदेयुम् तायुम् नीरे।"

"आदेश तो पिताजी क्या आप स्वयं दीजिए, उसका अनुसरण मैं तुरन्त करूँगा, क्योंकि मेरे माँ-बाप स्वयं आप ही हैं।"

वाल्मीकि के राम मानव राजा थे। पर कम्बन के समय तक लोक कथाओं एवं वैष्णव कवियों की रचनाओं ने पुरुषोत्तम राम को अवतार पुरुष राम का रूप दिया था। वाल्मीकि रामायण में सुग्रीव से भेंट करते समय लक्ष्मण उससे कहते हैं कि राम सुग्रीव की शरण में आए हैं—'शरणागतः'। लेकिन कम्बन को यह दयनीय स्थिति पसन्द नहीं है। राम को दूसरों के चरणों में पहुँचाना उनको पसन्द नहीं है। वे उनके मुँह से इस प्रकार दयनीय शब्द कहना उचित नहीं समझते। अतः भेंट के समय कम्बन के राम, सुग्रीव से कहते हैं कि वे इस महान संकट की स्थिति में सुग्रीव की सहायता के अभिलाषी हैं। पत्नी के विरह में भी राम को दयनीय स्थिति में प्रस्तुत करना कम्बन नहीं चाहते, सचमुच यह कम्बन की महानता है।

वाल्मीकि रामायण में मैत्री-सन्धि के बाद सुग्रीव राम को अपने निवास-स्थान ले जाते हैं। वार्तालाप के दौरान सुग्रीव बताते हैं कि बालि ने उसकी पत्नी तारा का अपहरण कर लिया है। तारा के अपहरण की बात सुनते ही राम आग-बबूला हो उठते हैं। कम्बन ने उसे भिन्न प्रकार से चित्रित किया है। कम्बन की रामायण के अनुसार सुग्रीव राम को अपने पर्वतीय भवन में ले जाकर

भोज कराता है तब वहाँ सुग्रीव की पत्नी को उपस्थित न देखकर राम स्वयं सुग्रीव से पूछते हैं कि क्या आप भी मेरे जैसे विरह दशा से पीड़ित हैं? क्या आप पत्नी से बिछुड़कर अलग रहते हैं? राम के इस प्रश्न का उत्तर सुग्रीव नहीं देते बल्कि हनुमान विस्तार से बताते हैं। तारा के अपहरण की बात सुनते ही राम भावावेश में आ जाते हैं और कहते हैं–"कैसे क्षमा कर सकते थे उस जेठ को, जिसने छोटे भाई की पत्नी का बलपूर्वक अपहरण कर लिया और इतना ही नहीं, अब उसके प्राण भी हरने के इच्छुक हैं।"

केवट प्रसंग में गुह को अपने पाँचवें भाई के रूप में स्वीकार करना राम की महानता है। श्रीराम चित्रकूट के लिए प्रस्थान करते हैं। तब आदर्श भक्त गुह प्रार्थना करता है–"मुझे भी साथ ले चलिए, मैं आप तीनों की सेवा करके जन्म-साफल्य पाऊँगा।" तब राम गुह का स्नेह सराहते हुए कहते हैं–

मूल– **"एन उयिर अनैयाय् नी, इळवल् उन् इळैयान्, इन्**
नन्नुतलवळ् निन् केळ्, नळिर् कडल् निलम एल्लाम्
उन्नुडैयदु, नान् उन उरिमैयिन्, उळेन्" एन्ना।

(अयोध्याकांड–आठवाँ (गुह) पटल–प्रसंग–16)

उपर्युक्त इन पंक्तियों में श्रीराम अपना उद्‌गार प्रकट करते हैं। श्रीराम का कहना है कि–"तुम मेरे प्राण तुल्य हो, मेरा अनुज तुम्हारा अनुज है। सुन्दर ललाटवाली सीता तुम्हारी भाभी है। शीतल समुद्र से घिरी सारी धरती तुम्हारी सम्पत्ति है। मैं तुम्हारी सेवा के स्वत्वाधिकार में बँधा हुआ हूँ।"

चरित्र-चित्रण की दृष्टि से देखें तो कम्बन ने अपने राम को नारायण के और सीता को लक्ष्मी के अवतार के रूप में चित्रित किया है। उनके अनुसार राम मानव के सदृश सहज व्यवहार करते हैं और कहीं पर भी अपनी अलौकिकता या दिव्यशक्ति का प्रयोग नहीं करते। एक उदाहरण हम यहाँ देखें–

सीता हरण के उपरान्त राम साधारण मानव के समान असीम व्यथा से भर उठते हैं। उनके मुख से वाणी नहीं निकलती, सिर चक्कर खाने लगता है। शोक की आकस्मिकता से स्तम्भित होकर वे मूक रह जाते हैं। सीता की रक्षा करने में घायल हुए जटायु को देख उनका शोक इन शब्दों में प्रकट होता है।

"मेरी पत्नी के बन्दी हो जोने पर उसे मुक्त करने के लिए लड़नेवाले महिमामय तुम यों आहत हुए पड़े हो। तुमको मारने वाला शत्रु अभी जीवित है। दृढ़ धनुष और तीक्ष्ण शरों को ढोता हुआ मैं विशाल ठूँठ सदृश व्यर्थ खड़ा हूँ।"

(कम्ब रामायण 3/8/185)

अपने द्वारा रक्षणीया पत्नी की रक्षा न कर पाने की लज्जा, कर्तव्य भाव से प्रेरित होकर अबला की रक्षा में अपने प्राणों की आहुति देनेवाले जटायु के प्रति असीम कृतज्ञता और शोक, इस घोर दुष्कर्म के कर्त्ता शत्रु को जीवित देख अपने तीव्र भाव-द्वन्द्व को कवि कम्बन ने बड़ी कुशलता से अंकित कर दिया है। यह है मानव राम की वाणी। कम्ब रामायण में सर्वत्र राम का यही मानव रूप अपनी सहजता में प्रकट होता है।

राम, बालि-वध करने के लिए वचन-बद्ध हो जाते हैं। बालि का वध किसी भी प्रकार से होना चाहिए। वचन-बद्धता का रूप देकर कम्बन ने राम की दुर्बलता को छिपाया है। बालि-वध में मर्यादा पुरुष राम ने पेड़ की आड़ में छिपकर उसका वध किया था। बालि के समक्ष उसके लिए वे तर्क-सम्मत उत्तर प्रस्तुत करते हैं। यहाँ सुग्रीव को भी बचाना है और उसकी आत्म प्रतिष्ठा का भी भंग नहीं होना चाहिए। उसी हालत में राम पर कलंक नहीं लगना चाहिए। इस कारण हनुमान

के मुँह से सुग्रीव की करुण कथा सुनकर बालि-वध के लिए राम तैयार हो जाते हैं। बालि पर तीर चलाने के लिए राम आड़ में छिपे हुए हैं। बालि और सुग्रीव में द्वन्द्व युद्ध चल रहा है, तब राम और लक्ष्मण के वार्तालाप द्वारा कम्बन ने राम के मानसिक संघर्ष का चित्रण किया है।

राम-बाण से आहत् होकर बालि मृत्यु शय्या पर पड़ा है। उस समय बालि श्रीराम से पूछता है कि आपने मुझे छिपकर क्यों मारा? इसका प्रत्युत्तर कम्बन राम से नहीं दिलवाते हैं, परन्तु वे लक्ष्मण से कहलवाते हैं। "जब आपके भाई ने आपके अनुचित द्वेष से बचने के लिए हमारी शरण ली तो भैया श्रीराम ने उसको वचन दिया था कि वे आपका वध कर देंगे। यदि आप सामने आते तो उनके पाँव पड़ते और शरण की प्रार्थना करते। शरण में पहुँचे हुए व्यक्तियों को अभयदान देना भैया का व्रत है। इस दुविधा से बचने के लिए उन्होंने छिपे रहकर आपको मारा है। आपको शरण देते तो वचन भंग हो जाते, अगर न देते तो व्रत-भंग हो जाते। इस धर्म-संकट से बचने के लिए उन्होंने विवश होकर छिपकर आप पर तीर चलाया। इस तरह कवि कम्बन ने प्रधान-पात्रों को ही नहीं, गौण-पात्रों के चरित्र चित्रण में भी अद्भुत काव्य चातुरी का परिचय दिया है।

श्रीराम के बाण से आहत होकर रावण अपने रथ पर मूर्च्छित होकर गिर पड़ा। तब राम उसे देखकर चुप खड़े रहे। श्रीराम के सारथि ने उन्हें समझाया कि 'यह रावण-वध का उत्तम समय है, चूकना नहीं, शीघ्र बाण-प्रहार करके रावण का वध करें।' तब राम सारथि से कहते हैं–

मूल– **"पड़ै तुरन्तु मयंकिय पणूयिनान्**
इडै पैरुम् तुयर पार्त्तु, इकल नीतियिन्
नडै तुरन्तु उयिर् कोटलुम् नन्मैयो?
कडै तुरन्तु पोर्, एन् करुत्तु" एन्रान्। (युद्धकाण्ड–प्रसंग–52)

अर्थात् राम का कहना है कि "यह रावण भले ही मेरा शत्रु एवं पातकी हो, फिर भी अपनी सेना से बिछुड़कर आयुध-विहीन होकर मूर्च्छित पड़ा है। इसकी इस अरक्षित दशा से लाभ उठाकर और नीति मार्ग से विमुख होकर इसके प्राण हरण करना उचित नहीं है। यह युद्धधर्म के विरुद्ध है और कायरों का कृत्य है–यह मेरा दृढ़ मत है।"

इतना ही नहीं, जब रावण युद्ध भूमि में निःशस्त्र हो जाता है तब राम उसको मारना नहीं चाहते तो इस पर श्रीराम की महानता को कम्बन यहाँ सुन्दर ढंग से दर्शाते हैं। कम्बन का राम रावण से कहते हैं कि "इन्ड्रु पॉय नाळै वा।" राम चाहते तो उसे मार सकते थे। युद्ध वीर का लक्षण है कि निःशस्त्र पर हथियार नहीं चलाना। इसलिए राम उसे कहते हैं कि "आज तुम चले जाओ, कल युद्ध के लिए आना।" इस वर्णन में मर्यादापुरुषोत्तम राम हमारे लिए आदर्श बन जाते हैं। यह शत्रु के प्रति भी श्रीराम के क्षमा गुण का परिचायक है।

एक और स्थल पर युद्धभूमि में कुम्भकर्ण को देखकर विभीषण हाथ जोड़कर वन्दना करते हैं। तब कुम्भकर्ण से कम्बन श्रीराम की महिमा को कहलवाते हैं। कुम्भकर्ण कहते हैं–"अनुज! हम सब असुर लोग राम नामक बाण-वर्षा से मर जाएँगे। अगर ऐसा हुआ तो तुम अयोध्या के राजा श्रीराम की शरण में ही रहकर अपने हाथों से हमें तिलांजलि देकर पितृ तर्पण करो।" इस तरह कुम्भकर्ण श्रीराम की प्रशंसा करते हुए उसे जगतप्रभु मानता है।

श्रीराम से बिछुड़कर अशोक वन में उनकी स्मृतियों में दिन बितानेवाली सीता भारुति से कहती है कि उनका प्रेम राम के प्रति, राम का प्रेम उनके प्रति वर्णनातीत है। शरीर और प्राण का सम्बन्ध कहें तो कौन शरीर, कौन प्राण कहना कठिन है। कम्बन के शब्दों में–

वन्दु एणैक्करम पद्रिय वैकलवाय्
इन्द इप्पिरविक्कु इरुमादरै
सिन्दैयालुम् तोडेन एण्र सेण्वरम
तन्द वार्त्तै तिरुच्चेवि चाटुवाय।

(मुझसे विवाह करते समय मर्यादा पुरुषोत्तम ने कहा—इस जन्म में दो स्त्रियों को मन से भी नहीं सोचूँगा।) सीता के सिवा कल्पना में भी उनके मन में दूसरी स्त्री के लिए होने वाली सोच की भी अनुमति नहीं।

इस प्रकार कम्ब रामायण में श्रीराम के माहात्म्य का कम्बन ने जिस ढंग से चित्रण किया है वह विशेष अध्ययन का विषय है। उन्होंने संस्कृत एवं तमिल काव्य शैलियों का समन्वय किया। मूल काव्य वाल्मीकि रामायण का ज्यों का त्यों अनुवाद न करके मौलिक प्रसंगों को तमिल संस्कृति के अनुसार श्रीवृद्धि की है। कम्बन ने तमिल भाषा में एक नया सौन्दर्य और नया ही सौष्ठव भर दिया। महान आलोचक वैयापुरिपिल्लै कम्बन को 'कविकुल भास्कर' कहते हैं। कम्बन राम को केवल मानव नहीं मानते थे वे हमारे लिए मर्यादा पुरुषोत्तम हैं और अवतारी पुरुष हैं। जय श्रीराम।

सन्दर्भ ग्रन्थ

1. तमिल और उसका साहित्य—पूर्णम् सोमसुन्दरम
2. तमिल साहित्य : एक परिदृश्य--डॉ. एम. शेषन्
3. अभिज्ञान (निबन्ध-संग्रह)—तमिल के रामकथा—काव्य कम्ब रामायण में श्रीरामवचनामृत—र. शौरिराजन
4. कम्ब रामायण—महाकवि कम्बन रचित मूल तमिल से अनूदित (भाग-1)
अनुवादक—श्री न.वी. राजगोपालन।

कम्बन तथा तुलसी रामायण में मन्दोदरी तथा शूर्पणखा पात्रों की तुलना

डॉ. के. चेल्लम्

कम्बन तथा तुलसी के नारी पात्र दो भिन्न युगों में रचित दो महाकाव्यों से सम्बद्ध हैं। ये दोनों महाकाव्य भारतीय संस्कृति की अक्षुण्ण धरोहर के रूप में हैं। तुलसी और कम्बन ने क्रमशः अपने महाकाव्यों में नारी विषयक जो दृष्टिकोण और उद्भावनाएँ प्रकट की हैं, वह आज भी विद्यमान हैं।

प्राचीन युग से नारी संस्कृति के साथ निकटतः सम्बद्ध रही है। एक पत्नीव्रती राम की कथा नारी के पातिव्रत धर्म का उद्घोषक है। नारी का पातिव्रत राष्ट्र के प्रमुख सांस्कृतिक सन्देशों में एक है। इसके आधार पर रचित तमिल भाषा का कम्ब रामायण तथा वाल्मीकि रामायण और अध्यात्म रामायण के आधार पर हिन्दी में रचित तुलसी रामायण दो भिन्न युग तथा भौगोलिक क्षेत्र के महाकाव्य हैं।

इन महाकाव्यों के द्वारा दो भिन्न भाषा क्षेत्रों के नारी जीवन के पहलुओं पर तथा सांस्कृतिक मूल्यों के अन्तर तथा उसके बावजूद अन्तरधारा के रूप में दृष्टिगत एकता पर प्रकाश पड़ने की सम्भावना है।

जीवन में नारी का स्थान

नारीत्व एवं पुरुषत्व, सृष्टि में व्याप्त तत्त्व है। स्त्री तथा पुरुष इस विशाल सृष्टि में परस्पर संगी ही नहीं, वरन् एक-दूसरे के पूरक भी हैं। शारीरिक संरचना की दृष्टि से नारी, पुरुष की अपेक्षा कम शक्तिशाली तथा स्वभाव से अधिक कोमल होती है। प्राकृतिक रूप में उसमें भावात्मकता अधिक पायी जाती है। प्रागैतिहासिक आदिम युग से, जबकि मानव घुमक्कड़ जीवन बिता रहे थे, नारी के स्वभाव और शक्ति के अनुरूप शिशुजन्म, उसका लालन-पालन, परिवार का निर्वाह आदि का दायित्व नारी वर्ग के कन्धों पर पड़ गये। इस प्रकार परिवार की नींव पर बल डालने वाली एवं पारिवारिक सम्बन्धों में आर्द्रता ले आने वाली आधार शक्ति नारी है। नारी अपनी पातिव्रत तथा अन्य सद्गुणों की व्यक्तिगत योग्यताओं के आधार पर सम्मानित होती है। उसका पातिव्रत चिर प्रतिष्ठित सामाजिक आदर्श है। आजकल व्यक्तिगत योग्यताओं के आधार पर उनके सेवाओं के सामाजिक मूल्यों के अनुरूप कामकाजी नारियों को जो सामाजिक प्रतिष्ठा मिलने लगी है, उसमें नारी की सत्तात्मक पहचान निहित है।

वैदिक कालीन साहित्य में चर्चित नारी पराश्रिता नहीं थी। समाज के लिए उपयोगी कार्यों में उसका भी योग सम्मिलित था। उसके धार्मिक तथा साहित्यिक कार्य उसकी बौद्धिक योग्यता के प्रमाण हैं। उस काल की नारी सम्बन्धी मान्यताओं के आधार पर सीता, सावित्री जैसी व्यक्तिगत आदर्शपरक

पात्रों की प्रतिष्ठा हुई। ये पात्र आज भी भारतीय समाज में नारी के लिए अनुकरणीय बन गयी हैं।

कौसल्या तथा सुमित्रा के द्वारा उत्कृष्ट मातृत्व एवं पातिव्रत के आदर्श स्थापित हैं। दशरथ की तीन रानियों द्वारा संगठन तथा विगठन में नारी के हाथ, अनसूया के द्वारा नारी का पातिव्रत, शबरी से नारी की आत्मिक उत्थान का प्रतिपादन हुआ है।

कथा राम के नारी पात्र मानव स्वभाव की विशेषताओं तथा आदर्शों को प्रस्तुत करने वाले हैं। कथा में स्थान, चारित्रिक बल इन दोनों दृष्टियों से रामायण के नारी पात्रों में सीता का चरित्र सर्वाधिक महत्त्वपूर्ण है। यह तो आदर्श भारतीय नारित्व को प्रतिपादित करनेवाला है। इस कथा में अहल्या तथा सीता की विपत्तियाँ नारी के लिए एक चेतावनी के अतिरिक्त समकालीन समाज में नारी के प्रति प्रचलित दृष्टिकोण को भी प्रकाशित करती है।

संगठन साहित्य में अहम् (आन्तरिक) एवं पुरम् (बाह्य) जीवन के विभाजन के अन्तर्गत जीवन विचित्र है। प्रेम, वैवाहिक जीवन स्त्री-पुरुष के मानसिक एवं भावात्मक व्यक्तिपरक जीवन से सम्बन्धित कवियों का चित्रण अहम् के अन्तर्गत हुआ है तथा युद्ध, वीरता, दया, दान तथा जीवन के अन्यान्य कार्य-क्षेत्रों के सम्बन्धित वर्णन पुरम् के अन्तर्गत आए हैं। उस जमाने में प्रेम, वैवाहिक जीवन आदि से सम्बन्धित अहम् साहित्यिक दृष्टि से केन्द्र रूप में नारी प्रतिष्ठित थी।

मन्दोदरी

रावण की पत्नी मन्दोदरी राक्षस कुल में जन्म लेकर भी श्रेष्ठ मानवी के सुयोग्य सद्गुणों से सम्पन्न साध्वी नारी पात्र है। अपने पति रावण के प्रति निष्ठा, परिस्थिति की सूक्ष्म परख आदि इसकी विशेषताएँ हैं। वाल्मीकि रामायण में रावण वध के पश्चात् विलाप करते समय मन्दोदरी का प्रथम साक्षात्कार होता है। कुम्भकर्ण तथा हनुमान से स्पष्ट है कि रावण के जीवन काल में मन्दोदरी ने भी उसे आदेश दिया था। इसमें मन्दोदरी विलोप, मुख्यतः रावण का प्रताप उसकी समर वीरता, पराक्रमी पति पर मन्दोदरी का गर्व, पति की तरफ उसकी शुभ चिन्ता आदि का प्रकाशन करता है। सीता के प्रति क्षणिक विकार की भावना होने पर भी समस्त सम्पदाओं की अधिष्ठात्री उस पतिव्रताा देवी सीता पर श्रद्धा प्रकट करती है।

तुलसी रामायण में जब रावण अशोक वन में सीता से मिलने जाता है तब वहाँ जाकर उसे उपदेश देनेवाली शुभ चिन्तक के रूप में मन्दोदरी को उपस्थित किया गया है। इसके बाद भी वह कई बार सीता हरण के बारे में रावण को चेतावनी देती है। निन्दा भी करती है। मन्दोदरी उस समय राम की महिमा एवं शक्ति का परिचय कराके उसे चेतावनी देती है। राम की महिमा तथा विश्वरूप का भी उद्घाटन करती है।

मन्दोदरी ने बचपन में ही देव और दानवों के बीच सामाजिक अन्तरों का अनुभव किया था। अपने मन में उठे प्रश्नों के समाधान के लिए एक दिन अपने पिता से मैंने प्रश्न किया। "पिताजी! लोग दानवों तथा देवों की तुलना करते हुए देवों को श्रेष्ठ और दानवों को दोयम क्यों मानते हैं?" उन्होंने मुझे गले से लगाकर प्यार किया और बोले, बेटी जहाँ तक पृथ्वी पर देव और दावन की उत्पत्ति का सवाल है, तुम जान लो कि दोनों जातियों के बीच घनिष्ठ सम्बन्ध है। प्राचीन युग में प्रजापति कश्यप ने दो-दो बहनों अदिति और दिति से एक साथ विवाह किया था। अदिति के गर्भ से उत्पन्न सन्तानें देव कहलायीं और दिति से उत्पन्न दैत्य। दोनों की आकृतियों और रंग में अन्तर है और नहीं भी। ये आपस में मौसेरे भाई-बहनें हैं।

मन्थरा के मानसिक कौशल को तुलसीदास ने विशेष रूप से उभारा है। शूर्पणखा में कम्बन तथा तुलसीदास ने रूप-चेतना की प्रतिष्ठा की है।

मन्दोदरी राम कथा का एक ऐसा उपेक्षित पात्र है जिसकी गणना उन पंच कन्याओं में की जाती है, जिनके स्मरण से महा पातकों का भी नाश होता है।

अहल्या, द्रौपदी, कुन्ती, तारा, मन्दोदरी तथा पंच कन्या स्मरे नित्यं महात्मक नाशनम्।

यद्यपि ये पाँच कन्याएँ काफी लांछित हैं तथा अभिशप्त जीवन जीने के लिए उन्हें विवश होना पड़ा, फिर भी वे अत्यन्त पूज्य हैं। भगवद् भक्ति के कारण उनका अन्तःकरण परम पवित्र एवं शुद्ध है। भगवान को वे अत्यन्त प्रिय हैं।

मन्दोदरी के जन्म के सम्बन्ध में कई कथाएँ प्रचलित हैं। आनन्द रामायण (1, सर्ग 9) में उसके विष्णु के शरीर के चन्दन से निर्मित होने का उल्लेख मिलता है। यहाँ कथा इस प्रकार है—सीता-शोध के क्रम में हनुमानजी को सीता का भ्रम हो जाता है। इस पर पार्वती शिवजी से पूछती हैं कि राक्षसी मन्दोदरी सीता के समान कैसे हो सकती है? संसार की समस्त स्त्रियाँ, मैंने सुना है कि सीता के अंश से ही उत्पन्न हैं, तब फिर उनकी सीता से बराबरी कैसी?

उत्तर में शिवजी बोले, एक समय शेषनाग के उछ्वास लेने से जब रावण की माता कैकसी का पूजा करने वाला शिवलिंग पाताल में चला गया तो उसने रावण से कहा कि वह एक उत्तम आत्मलिंग शिवजी से ला दे। रावण ने अपने शरीर की वीणा पर षड्ज आदि स्वरों से गन्धर्व के समान गायन कर मुझे प्रसन्न किया तो दो वरदान माँगे—प्रथम माता के लिए आत्मलिंग, द्वितीय पत्नी के रूप में पार्वती। शिवजी ने दोनों ही वरदान उसे दे दिये तथा कहा, लिंग को पृथ्वी पर रख देने से वह वहीं स्थित हो जाएगा, आगे नहीं ले जा सकेगा। रावण जब लिंग लेकर प्रस्थान किया तो तुमने अत्यन्त दुखी होकर भगवान विष्णु का स्मरण किया तो तब उन्होंने अपने शरीर के चन्दन से सुन्दर मन्दोदरी स्त्री को बनाकर मय को दे दिया, जो उसे साथ लेकर पाताल चला गया, फिर ब्राह्मण का रूप धारण कर मार्ग में रावण से कहा कि शिवजी ने तुम्हें ठग लिया है। जो पार्वती तुमको दी है, वह कृत्रिम है। असली पाताल में मय के भवन में छिपा दी है।

पाताल प्रस्थान करते समय उसे तीव्र लघुशंका लगी। उस समय उन्होंने आत्मलिंग को ब्राह्मण के हाथ देकर (द्विजवेशधारी) निवृत्त होने के लिए गया, गणेशदत्त सारस्वत—सीतापुर उस समय ब्राह्मण ने लिंग को सागर के पश्चिम तट पर रखकर अपने स्थान को चले गये। निवृत्त होने के बाद उसने लिंग पृथ्वी पर रखा हुआ देखा। काफी प्रयत्न करने पर भी वह उसे हिला न सका।

तब वह खिन्न होकर उसे वहीं छोड़कर (गोकर्ण) पाताल में चला गया। वहाँ उसने मन्दोदरी को देखा। मय से उसने अपने साथ ले जाने की आज्ञा माँगी। मय ने दोनों का विवाह कर दिया। वस्त्र तथा आभूषण के साथ (परिवाह) शत्रुघातिनी अमोह शक्ति भी दे दी। उस देवी को मन्द तथा सूक्ष्म देखकर रावण ने उनका नाम मन्दोदरी रख दिया। उसे अपने साथ लेकर लंकापुरी लौट आया। इसी रामायण में रावण के शव के साथ मन्दोदरी के शती हो जाने का भी उल्लेख है।

अंगद का यज्ञ विध्वंश हो चुका था। इसलिए वे समस्त वानरों सहित वहाँ से चले गये। मन्दोदरी को अत्यन्त विह्वल देखकर रावण ने कहा—ये सुख-दुःख दैवाधीन हैं। इसलिए हे विशालाक्षी इस निश्चित ज्ञान को आत्मसात कर शोक छोड़ दो क्योंकि शोक ज्ञान को नष्ट कर देता है।

वह युद्धभूमि में जाने के अपने निश्चय को व्यक्त करता हुआ आगे कहता है। मैं लक्ष्मण सहित राम को मारकर लौट आऊँगा अथवा श्रीराम ही अपने बाणों से मुझे छिन्न-भिन्न कर देंगे और तब मैं

उनके पद को प्राप्त हो जाऊँगा। इसी क्रम में वह मन्दोदरी को एक आज्ञा भी देता है और कहता है, यदि मैं परमधाम को प्राप्त हो जाऊँ तो सीता को मारकर मेरे शव के साथ अग्नि प्रवेश कर जाना।

रावण के ये वचन सुनकर मन्दोदरी अत्यन्त दुखी होकर बोली कि हे नाथ, मैं जो कुछ भी कह रही हूँ, उसे सुनें तथा सत्य मानकर उस पर आचरण करें। उसका यह सत्य कथन दस श्लोकों में वर्णित है।

इसमें पहले आठ श्लोक राम के ब्रह्मत्व के व्यंजक रहे हैं। नवें में सीता हरण के लिए रावण की भर्त्सना है तथा अन्तिम में जानकी को वापस कर देने की तथा विभीषण को राज्य देकर स्वयं वानप्रस्थी हो जाने की प्रार्थना है। ये दोनों श्लोक मन्दोदरी के ज्ञान, भक्ति तथा वैराग्य के प्रकृत प्रमाण हैं।

आनन्द रामायण में मन्दोदरी का उल्लेख युद्ध कांड के 111 सर्ग में हुआ है। रावण वध हो चुका है। उसके शव को गोद में रखकर मन्दोदरी विलाप कर रही है। इस क्रम में वह जहाँ रावण के पराक्रम का बखान करती है, वहीं उसके अधमाचरण को, तन्वंगी सीता के अपहरण को उसकी मृत्यु का कारण बताती है। कहती है, उस पतिव्रताा देवी की तपस्या से जलकर ही आप भस्म हो गये हैं।

मन्दोदरी इसी सन्दर्भ में यह भी कहती है, मैंने अनेक बार आपसे रघुनाथजी से बैर न करने का अनुरोध किया किन्तु आप माने नहीं। उसी का यह फल है कि मुझे वैधव्य का दुःख प्रदान करने वाली अन्तिम व्यवस्था प्राप्त हो गयी है। जिसके विषय में मैंने कभी सोचा तक नहीं था।

उपसंहार

वाल्मीकि, कम्बन, तुलसीदास ने अपने नारी पात्रों के चित्रण में नारी हृदय की मार्मिकता की भव्य झाँकियाँ उपस्थित की हैं। कम्बन तथा तुलसी के द्वारा विवाहोन्मुख पूर्वरागिनी सीता की मनस्थिति का उद्घाटन हुआ है।

कम्ब रामायण में शूर्पणखा के द्वारा तथा तुलसी रामायण में पार्वती के द्वारा भी इस तथ्य पर प्रकाश पड़ा है। कम्ब रामायण में इन्द्रजीत के वध के अवसर पर मन्दोदरी प्रविष्ट करती है, उसकी इस चिन्ता को व्यक्त कराया गया है–''कल लंकेश्वर की भी यही दशा होगी।'' सीता हरण, राम से युद्ध तथा उनका (पति) वध पर मन्दोदरी का विलाप वर्णन अत्यन्त मार्मिक है। पति की मृत्यु पर विलाप करते ही उसके प्राण भी निकल जाते हैं।

तुलसीदास की भाँति कम्बन ने भी मन्दोदरी के शोकविभूत उद्गारों में पति के बल, वैभव पर उसका गर्व, पति के राम के बारे में कही हुई अपनी चेतावनी को न मानने पर उसका क्षोभ आदि पर प्रकाश डालता है। कम्ब रामायण में अपने पति के घातक राम के प्रति मन्दोदरी की भावनाएँ सात्विक हैं। वह राम को क्षीरसागर सायी श्रीनारायण के रूप में मानती है तथा सीता को पुरुषोत्तम की देवी तथा ''पुष्पापिमंडित सुकेशिनी'' आदि कहती है। कम्ब रामायण में मानसिक आघात के कारण मन्दोदरी के प्राण निकल जाते हैं। कम्बन ने अन्य रानियों का भी सहमरण का वर्णन करके पातिव्रत की महिमा स्थापित की है।

शूर्पणखा

राम कथा के नारी पात्र मानव स्वभाव की विविधताओं एवं जीवन की वास्तविकताओं तथा आदर्शों को प्रस्तुत करती हैं। इनमें कुछ पात्र, स्थान की दृष्टि से, कुछ अपने चरित्र बल के आधार पर, किसी विशेष आदर्श की स्थापना करने से किसी गर्ह्य तत्त्व की अवांछनीयता का प्रतिपादन करने का महत्त्व रखते हैं।

कथा के स्थान तथा चारित्रिक बल के आधार पर रामायण के नारी पात्रों में सीता का चरित्र सर्वाधिक महत्त्वपूर्ण है। सीता के पश्चात् कथा की दृष्टि से महत्त्वपूर्ण नारी पात्र शूर्पणखा तथा कैकेयी हैं। अपने चारित्रिक बल के आधार पर महत्त्व रखने वाले नारी पात्र कौसल्या, सुमित्रा, मन्थरा, तारा, मन्दोदरी, शबरी, स्वयंप्रभा, त्रिजटा, अहल्या, ताड़का आदि हैं।

कथा-विकास में नया मोड़ ले जाने के कारण शूर्पणखा का स्थान रामायण में विशेष महत्त्व रखता है। इसी के कारण कथा में सीता को प्रमुखता मिलती है। नारी के निकृष्ट गुणों को प्रतिनिधित्व करने वाली शूर्पणखा के पात्र से यह शिक्षा मिलती है कि कैसे स्वेच्छाचारिणी, उच्छृंखल नारी समूचे कुल का विनाश करती है।

कामिल-बुलके राम कथा में (1950-68) बताते हैं कि तृणभद्र की राम कथा में शूर्पणखा सीता का मन जाँचने के लिए रावण के द्वारा भेजी जाती है। 'महावीर चरित' में अनर्ध राघव में शूर्पणखा का मन्थरा का रूप धारण करने का वर्णन हुआ है।

वाल्मीकि रामायण में शूर्पणखा राम तथा लक्ष्मण के सम्मुख अपने वास्तविक विकराल रूप में उपस्थित होकर अपने को उनके अनुरूप रूपवती बनाती है और सीता को विरूपी, असती, कराली आदि कहकर धिक्कारती है। सीता को खा जाने का उनका प्रयत्न, उसके जन्मजात वर्गीय संस्कार, उसकी बरबरता के साथ-साथ सीता के प्रति नारी-सुलभ ईर्ष्या को दिखाता है।

कम्ब रामायण तथा तुलसी रामायण में शूर्पणखा अपना रूप बदलकर एक सुन्दरी के रूप में राम-लक्ष्मण के सम्मुख उपस्थित होती है। वह रूप को अपना साधन बनाकर राम-लक्ष्मण को अपने वश में करने की चेष्टा करती है। यहाँ प्रसंग-प्रस्तुति में अधिक कलात्मकता आ गयी है और शूर्पणखा का स्वभावगत व्यवहारकुशलता प्रकट होती है।

शूर्पणखा राम से अपने संवाद के बीच झूठमूठ बताती हुई कहती है कि दुराचारी राक्षसों के संग से अलग होकर वह मुनियों के संग रहा करती थी और उनकी सेवा करते-करते कुमारी रह गयी थी। राम को यहाँ प्रलोभन देकर कहती है कि वे उससे गन्धर्व-विवाह करके अपने भाई-चारे राक्षसों के आतंक से बच सकते हैं। इस प्रकार के उसके कपटाचार वर्णित हैं।

कम्बन ने शूर्पणखा की रूपासक्ति पर विशेष बल दिया है। राम के सौन्दर्य से ही नहीं, सीता के सौन्दर्य से भी मोहित होकर उन दोनों की परस्पर अनुरूपता को अपने मन में विचार कर आनन्दित होती है। शूर्पणखा की एक रात भर की विरह-दशा का विशद परिपाटीबद्ध चित्रण इसमें हुआ है।

कम्ब रामायण में राम से अपनी बात मनवाने का, शूर्पणखा का आग्रह विस्तार से वर्णित है। यहाँ तक कि स्तन, नाक, कान कट जाने पर भी भरसक प्रयत्न करती है कि राम अपने को स्वीकार कर ले तथा उनसे कहती है कि अन्य किसी की ओर आकृष्ट होने से मुझे रोकने के लिए तुम भाइयों ने मुझे कुरूप कर दिया। इस प्रकार शूर्पणखा की विशेष निष्ठा का भी प्रकाशन यहाँ हुआ है।

कम्बन ने राम और लक्ष्मण के बीच कामातुर शूर्पणखा के भटकने की बात टाल दी है। संवाद के अन्त में वह राम से विनती करती है कि मेरी सहायता से राक्षसों को जीतने के पश्चात् अपने अनुज के साथ मेरा विवाह करा दें।

तुलसी रामायण में यह प्रसंग अति संक्षिप्त है। कवि ने ''दुष्ट हृदय दारुण जस अहिनी'' तथा ''देखि विकल भई जुगल कुमारा'' कहकर स्वभाव का परिचय दिया है। कवि ने शूर्पणखा की कामदशा का संयत शब्दों में उल्लेख मात्र किया है। वे स्वयं इतना ही कहते हैं कि ''वह राजकुमारों को देखकर विकल हुई'' और शूर्पणखा से कहलाते हैं कि ''मन माना कछु तुम्हहिं निहारी।''

वाल्मीकि रामायण तथा अध्यात्म रामायण में इस अवसर पर शूर्पणखा का मिथ्यावाद तथा उसकी प्रतिशोध भावना अभिव्यक्त है। वाल्मीकि रामायण में कहती है कि सीता के निमित्त अपना यह हाल हुआ था। कम्ब रामायण में राम-लक्ष्मण से अपमानित तथा आहत होकर भी शूर्पणखा खर के सामने राम-लक्ष्मण का तन्मय होकर वर्णन करती है। इसमें भी वह खर से झूठमूठ कहती है कि रावण के लिए सीता को ले जाने का प्रयास करते हुए उसे अपने अंग कटवाने पड़े।

कम्बन ने शूर्पणखा के प्रवेश तथा सभा में उसके संवाद को नाटकीय वैभव से प्रस्तुत किया है। रावण के भवन के उत्तर द्वार पर माथे पर हाथ टेकती हुई एवं स्तन, कान, नाक आदि से रुधिर धारा बहाती हुई, युगान्तरकालीन सागर की-सी ध्वनि करती हुई शूर्पणखा आ पहुँचती है। शूर्पणखा की दशा देखकर क्रुद्ध रावण जब उसकी दशा का कारण पूछता है तब उसका उत्तर न राम-लक्ष्मण के प्रति उसके क्रोध को प्रकट करता है और न अपनी दशा पर उसके दुख को। वह तो राम-लक्ष्मण के सौन्दर्य के उल्लेख से उत्तर देना आरम्भ करती है। लगता है कि अपना अपमान, खर-दूषण तथा अन्य राक्षसों का वध आदि सब बातों की याद, रूपासक्ति के आगे धुँधली पड़ जाती है।

यहाँ कम्बन ने शूर्पणखा की अपेक्षा उसकी काम-विवशता एवं वाचालता को अधिक उभारा है। सीता के सौन्दर्य का भी बड़ी लगन के साथ रावण के समक्ष वर्णन करते हुए शूर्पणखा अन्त में कहती है, "मैं क्या बताऊँ? कहाँ तक बताऊँ? कल तुम ही देख लेना।" बड़ी कुशलता से सीता के दर्शन की अभिलाषा को उकसाती है। इसी प्रकार सीता को उठा ले आने का सुझाव देती हुई बातों के बीच-बीच में राम के प्रति अपनी आसक्ति को प्रकट करती है, तब वह रावण से कहती है कि अपना पराक्रम संसार के सामने प्रकट करो, सीता को उठाकर ले आओ, उसके साथ तुम आनन्दित रहो और मुझे राम लाकर दो। रावण ने अपने सम्मुख उपस्थित सीता के मानसिक बिम्ब को पहचानने के लिए जब बहिन को बुलाता है तब उसे राम दिखाई पड़े हैं। भाई-बहन दोनों की मोहासक्ति का वर्णन यहाँ विनोदपूर्ण है।

इस अवसर पर शूर्पणखा रावण को बताती है कि जिस दिन राम ने मुझे दुःख पहुँचाया उस दिन से मैं उसे भूलने में असमर्थ हूँ।

कम्बन ने शूर्पणखा के क्रोध तथा प्रतिशोध की भावना की अपेक्षा उसकी कामासक्ति तथा राम के प्रति एक निष्ठा का वर्णन अद्भुत ढंग से किया है। अन्य रामायण में शूर्पणखा के रोष व प्रतिशोध की भावना को अधिक उभारा है। तुलसी रामायण का चित्रण यहाँ संयमित है।

कम्बन स्वभाव से लोक संस्कार से अधिक प्रभावित हैं। नारी पात्रों के प्रेम व्यवहार आदि का जो चित्रण उनसे हुआ है उससे एक ऐसे समाज के ढाँचे का साक्षात्कार होता है, जिसमें स्वच्छन्द प्रेम के लिए पर्याप्त अवकाश था। राम की 'वीथि' यात्रा सर्ग' में राम के प्रति मिथिलापुर की नारियों की कामासक्ति का विशद वर्णन इस दृष्टि से उल्लेखनीय है।

कम्बन तथा तुलसी के रामायण में इस प्रकार नारी के सामाजिक जीवन सम्बन्धी विभिन्न पक्षों पर जो प्रकाश डाला गया है, वह प्रशंसनीय है। इन दोनों कवियों के चित्रण से समकालीन समाज में नारी की स्थिति का थोड़ा-बहुत आभास मिलता है।

सीता के अग्निप्रवेश के पश्चात् उसकी पातिव्रत की श्रेष्ठता का वर्णन कवि ने शिवजी के द्वारा भी कराया है। शिव राम को, पहले अनेक वास्तविक स्वरूप को समझाते हैं, उसके बाद सीता के बारे में बताते हैं कि वह लोकमाता लक्ष्मी हैं, अगर कोई उसके सम्बन्ध में कुछ अनुचित सोचे

तो समस्त सृष्टि मर मिटेगी। इस प्रकार वैष्णव भक्त कवि कम्बन के द्वारा नारी-पात्रों के चित्रण से उनके काल के व्यापक धर्म शैव के प्रति कवि की दृष्टि प्रकट हुई है।

कम्ब रामायण में मन्दोदरी का अन्तिम बार उल्लेख छठे सर्ग में लंका दहन के प्रसंग में हुआ है। लंकावासियों की चीत्कार सुनकर और यह देखकर कि लंका के प्रासादों के कनक कंगूरे जल-जल कर ढह रहे हैं, मन्दोदरी विचलित हो उठी। उन्होंने लंका के वीरों को सम्बोधित करती हुई जो कहती है—मन्दोदरी के इस कथन में जहाँ तीव्र आक्रोश है, पाप, कुकर्म तथा अधर्म के प्रति गहरा क्षोभ है, वहीं स्तनपायी शिशुओं, माताओं, वृद्धों तथा अशक्तजनों के प्रति अगाध सहानुभूति भी है। प्राचीन संस्कृति के धार्मिक तथा नैतिक मूल्यों के साथ मानवतावादी, सामाजिक मूल्यों की प्रतिष्ठा को ऐसा सुन्दर उपक्रम अन्यत्र देखना दुर्लभ है। सामान्यतः यथार्थ जीवन में अपने जीवन साथी के सम्बन्ध में भारतीय नारी की जो धारणाएँ, आकांक्षाएँ हाती हैं उन्हीं की प्रतिछाया कम्बन तथा तुलसी के द्वारा चित्रित पत्नी में पायी जाती है।

सन्दर्भ ग्रन्थ

1. कम्बन तथा तुलसी के नारी पात्रों की तुलना—डॉ. एम. शेषन
2. श्रीराम कथा विमर्श—डॉ. सुरेश कुमार शुक्ल सन्देश
3. रामायण के प्रेरक प्रसंग—डॉ. दाजीपणशीकर

तमिल में अरुणाचल कविराज रचित रामनाटक कीर्तन

अलमेलु कृष्णन

प्रस्तावना

तमिल भाषा में कवि कम्बन ने रामकाते की रचना की जो कम्ब रामायण नाम से प्रसिद्ध है। इसके अलावा कई तमिल कवियों ने अपनी कल्पना, अपने प्रदेश की संस्कृति आदि के आधार पर विभिन्न नामों से रामगाथा का वर्णन किया है।

उनमें 1711-1779 के बीच जीवित अरुणाचल कविराज के द्वारा गीतनाटक शैली में रचित रामनाटक सुप्रसिद्ध रामगाथा है। यह अपनी शैली की अनूठी रचना है। उनकी कविताएँ उनके शिष्य वेंकटराम अय्यर और कोदण्ड राम अय्यर द्वारा संगीतबद्ध की गयी हैं। इस रचना में 197 गीत और 278 श्लोक हैं।

जैसे सन्त त्यागराज, मुत्तुस्वामि दीक्षित, श्यामा शास्त्री—ये तीनों कर्नाटक (शास्त्रीय) संगीत के त्रिमूर्ति हैं, वैसे ही अरुणाचल कविराज, मुत्तुत्ताण्डव, मारिमुत्तापिळळै—ये तीनों तमिल संगीत के त्रिमूर्ति माने जाते हैं।

तमिल के आदिकवि तिरुवळळुवर की रचना तिरुक्कुरळ और महाकवि कम्बन से रचित कम्ब रामायण इन रचनाओं ने आपको बहुत ही प्रभावित किया। अपने फुरसत के समय में आपने तिरुक्कुरळ और रामायण के अलावा तमिल के शैव, वैष्णव भक्तिकाव्य, संस्कृत के मनुनीति ग्रन्थ आदि का भी अध्ययन किया।

आपने कई गेय पद, अजोमुखि नाटक चीर्कालि स्थलपुराण, चीर्कालि कोवै (तमिल काव्य प्रकार), अनुमार पिळळैत्तमिल (अपने आराध्य देव हनुमान की बाल्यलीलाओं का वर्णन) आदि की रचना की।

1. अपनी रचना के प्रथमगायन के लिए प्रार्थना

अरुणाचल कविराज कीर्त्तन, विरुत्तम (नियत ताल के बिना गाया जा सकने वाला ईश्वर सम्बन्धित गीत), कण्णि (दो-दो पंक्तियों में वर्णन) आदि विधाओं में छन्दबद्ध, लययुक्त गेय गीत की शैली में रामायण लिखने लगे। इनके दोनों शिष्यों ने कई जगहों की यात्रा करके अपने गुरु की रचनाएँ गायीं। इससे कविराज की रचना तमिलनाडु भर में लोकप्रियता पा गयी। वापस आकर उन्होंने इसके बारे में कहा तो आपने आगे और कुछ गीत मिलाकर इसका पहला पाठ (तमिल में अरंगेट्रम) करने हेतु श्रीरंगम आये। वहाँ के विद्वानों ने कहा कि पहले महाकवि कम्बन ने लक्ष्मी और विष्णु के सान्निध्य में अपने रामायण का पहला प्रदर्शन किया था। यदि भगवान विष्णु उसी प्रकार दर्शन दें तो हम आपकी रचना का प्रदर्शन करने देंगे।

इसके अनुसार कविराज ने श्रीरंगम के रंगनाथ की स्तुति एक अनोखे ढंग से की है। श्रीरंगम के रंगनाथ शयन अवस्था में दर्शन दे रहे हैं। उनको सम्बोधित करते हुए पूछते हैं—

हे श्रीरंगनाथ! दो नदियों के बीच के द्वीप में आप क्यों शयन कर रहे हैं? फिर कवि रामावतार और कृष्णावतार में भगवान की लीलाओं का वर्णन करते हुए पूछते हैं कि आप इन लीलाओं के कारण थककर शयन कर रहे हैं क्या?

"एन पळिळ कोण्डीरय्या श्री रंगनाथा...लक्ष्मियुडन पेरुम पक्षमाक एन्नै रक्षियुं एषुन्दिरुं।"

अन्त में कवि प्रार्थना करते हैं कि "स्वर्णाभूषणों से विभूषित हे श्री रंगनाथ! मैं तुम्हारे शरण में आया हूँ। जैसे अहल्या, गजेन्द्र, काकासुर, द्रौपदी आदि को शरण देकर उनकी रक्षा की, उसी प्रकार उठकर महालक्ष्मी के साथ आएँ और मेरी भी रक्षा करें।"

इस स्तुति से आनन्दित श्री रंगनाथ कविराज के सपने में एक वैष्णव भक्त के रूप में प्रकट होकर कहते हैं कि "तुम मेरे अन्य देवताओं की स्तुति करके कृति का श्रीगणेश करो।"

इसे मानकर कविराज गणेश वन्दना से अपनी कृति का श्रीगणेश करते हैं। यह वेण्पा नामक छन्द में बना है।

हे गजमुख! शिवजी के पुत्र, तुम्हारे अनुग्रह से रामनाटक कहता हूँ।

"आनै मुकने अरनार तिरुमकने
...उन्दन नल्लरुळाले
नाटकत्तैच्चोल्लुवेन नान।"

इसके बाद हनुमान जी को नाटक रचना करने में सहायता के लिए आह्वान करते हैं। इसमें हनुमान की महत्ता और उनसे सम्बन्धित पूरी कहानी वर्णित है।

"कोदण्डदीक्षा गुरु रामनाटकत्तै
तीतण्डा वारडियेन चप्पवे कोदणडा
मारुतिये अंजनैयाळ मैन्दने नर्करुणै
वारिधिये नी तुणै वा।"

फिर भगवान विष्णु से कवि प्रार्थना करते हैं।

हे रामचन्द्र! तुम्हारे दो चरणों के स्मरण करने का वर दो। तुम्हारे चरणों में ही रहने का अनुग्रह करो। ऐसी प्रार्थना करते हुए दशरथ के पुत्र के रूप में जन्म लेने से लेकर विभीषण पट्टाभिषेक और राम पट्टाभिषेक तक की पूरी कहानी का वर्णन करते हैं।

"एनक्कुन इरुपदं निनैक्क वरमरुळ्वाय...निनैत्तपटि विभीषणर्क्करशु पेर निरुत्ति ओरु पुष्प रतत्तिल् एरिवन्तु दानत्तिलुयर्तरुम् अयोत्तियिले सिम्मातनत्तिलिरुक्कुम् रघुकुलक् कुमरने"

प्रार्थना द्वारा मंगलाचरण करने के बाद तो अपराध क्षमापण करते हैं, वह बहुत ही सुन्दर है।

वाल्मीकि महर्षि ने श्लोक के रूप में रामायण की रचना की। कवि कम्बन ने पद्य रूप में रचना की। उसी को मैं तुम्हारे प्रति जो प्यार है उसके कारण नाटक रूप में रचता हूँ। मैं अपनी अनर्गल वाणी के माध्यम से जो कुछ कहता हूँ उसे उपचार मान लो।

"कनमान वाल्मीकर श्लोकं चेय्य कंबरुं रामायणत्तै कवियाय चेय्तार
उनताशैयाले नाटकमाय चेय्तेन उळरिनाल एन्न पलन उण्डाकुमेन्ट्राल
...अय्यने अपचारम उपचारम आक्किक्कोळवाये।"

2. रामनाटक कीर्तन

आपने अपनी रचना का नाम रामनाटक कीर्तन रखा। रामायण को तमिल भाषा में संगीत नाटक शैली में रचना करने वालों में आप ही अग्रणी हैं। संगीत को प्राधान्य देने के कारण आपने अपनी रचना को कीर्तन नाम दिया है।

इनके कई गीत भरतनाट्यम नृत्य विधा के लिए प्रयोग किये जाते हैं।

रामनाटक खासकर कम्ब रामायण का ही अनुसरण करता है। इसमें बाल, अयोध्या, अरण्य, किष्किन्धा, सुन्दर और युद्ध नाम से छः कांड हैं। रामनाटक का श्रीगणेश मंगलाचरण, फिर उद्घोषक द्वारा दरबार में दशरथ के आगमन की घोषणा, दशरथ के राज्य शासन, पुत्रकामेष्टि आदि के साथ होता है और श्रीराम पट्टाभिषेक वर्णन के साथ कहानी सुसम्पन्न होती है। सबकी मंगल कामना करते हुए कविराज इसकी इतिश्री करते हैं।

संगीत नाटक के रूप में गाये गये ये कीर्तन अपनी संरचना के कारण साधारण तौर पर कीर्तन कहे जाने पर भी अन्तर्निहित विषय के अनुसार दरु नाम से जाना जाता है। इसमें केवल राम की स्तुति में गीत ही नहीं बल्कि राम की कहानी का वर्णन भी किया गया है।

कीर्तन शैली के अलावा वेण्पा, कोच्चक्कलिप्पा, कलित्तुरै, विरुत्तम आदि कई प्रकार के छन्दों का प्रयोग किया गया है।

रामनाटक में शास्त्रीय संगीत के सावेरी, असावेरी, मोहनम, कल्याणि, तोडि, शंकराभरणम्, सौराष्ट्रम, मध्यमावति, चुरुटि आदि कई रागों के साथ सैन्धवी, मंगलकौशिकम आदि अपूर्व राग भी प्रयुक्त किये गये हैं। कई गीत आदि ताल में और कुछ रूपक एवं चापु ताल में बद्ध हैं।

पूरी कथा वर्णनात्मक शैली में है तो वह दरु नाम से जाना जाता है। मुख्य पात्रों के प्रवेश का वर्णन प्रवेश दरु कहलाता है। उनमें विशेष उल्लेखनीय है 'अन्नै जानकि वन्दाळे', 'कूनि वन्दाळे' आदि। पात्रों के सौन्दर्य का वर्णन, वर्णन दरु कहलाता है। इसके अच्छे उदाहरण हैं 'अन्दरामसौन्दर्य', 'कोणवेडुम' आदि। राम के द्वारा गाया जाने वाला 'यारो इवर यारो' स्वागत दरु है तो दशरथ का कथन 'चिन्नम चिरु' और 'अय्यय्यो रघुरामा' प्रलाप दरु के उदाहरण हैं। 'मकुटम कोण्डाने' पट्टाभिषेक दरु का उदाहरण है। इनके अलावा दो पात्रों के बीच होने वाले कुछ संवाद दरु भी हैं। जैसे बालकांड में श्रीराम और परशुराम के बीच, अयोध्याकांड में कैकेयी और दशरथ के बीच, अरण्यकाण्ड में राम और शूर्पणखा के बीच, अशोकवन में सीता और रावण के बीच।

अरुणाचल कविराज ने 'ओरडि कीर्तनै' (एक ही पंक्ति में वर्णन) नामक वर्णनात्मक शैली का भी प्रयोग किया है जो केवल संगीतनाटक में प्रयुक्त किया जा सकता है। ये दरु के जैसे ही कथात्मक गीत हैं। प्रार्थना गीत में हनुमान की कीर्ति गाते हुए तोडि राग आदि ताल में बद्ध 'कोदण्डदीक्षा गुरुवे' इसका उदाहरण है। इसमें राम के जन्म से लेकर पट्टाभिषेक तक रामायण की पूरी कहानी संक्षेप में वर्णित है। इस गीत का प्रत्येक खण्ड पीछे कहानी के रूप में विस्तार से वर्णित है।

रामनाटक में कई कहावतों और लोकोक्तियों का प्रयोग हुआ है।

उदाहरणार्थ, श्रीराम के साथ वनगमन के अवसर पर सुमित्रा लक्ष्मण से 'तम्बियुटैयवन पटैक्कंचान' (छोटे भाईवाला सेना से न डरता), 'एळ्ळु एनुम मुन्ने एण्णैयाय (तिल का उच्चारण करने के पूर्व तेल), 'इळंकन्टु पयमरियातु' (बछड़ा निडर होता है), 'मलैमेल इरुप्पारै पन्द्रि पायूवतुण्डो' (पर्वत पर बैठे व्यक्ति पर सुअर टूट पड़ेगा क्या) और जब विभीषण सीता को वापस भेजने की सलाह देता है तब रावण विभीषण से कहता है, ''कतिरोन मनु ओळिरुं मिनमिनिपोलं'' (सूर्य के आगे जुगुनू जैसे)।

3. रामनाटक के कुछ प्रसंगों का रसास्वादन

3.1 बालकांड

3.1.1 राम सीता का प्रथम मिलन : मिथिला में स्वयंवर के पहले श्रीराम, लक्ष्मण के साथ घूमने जाते हैं। तब कन्याओं के वासस्थान पर अपनी सखियों के साथ आगे खड़ी सीता को देखते हैं। देखते ही वे विस्मित होते हैं कि यह कौन है? इसका क्या नाम है? समृद्धि के प्रतीक बादलों से घिरे इस सुन्दर मिथिला में कन्याओं के वासस्थान पर खड़ी यह सुन्दरी कौन है? चाँद जैसे सुन्दर मुखड़ेवाली, फूल जैसी कोमल वह मेरी ओर मुड़कर देखती है। सम्भव है कि हम दोनों के बीच का रिश्ता जन्म जन्मान्तर का है और आज निकट के बन्धु जैसे लगती है और दर्शन देती है।

यहाँ कवि यह कहना चाहते हैं कि विष्णु का अवतार श्रीराम ने, लक्ष्मी के ही अवतार सीता को पहचान लिया। उन दोनों का प्यार नहीं, अनन्तकाल से चालू रहने वाला है। विष्णु के हृदय में वास करने वाली लक्ष्मी उनसे अविभाज्य है।

''यारो इवर यारो एन्न पेरो अरियेने....अन्द लाळिल तोन्दं पोल उरुकिरार। इन्द नाळिल वन्दु सेवै तरुकिरार।''

अरुणाचल कविराज के राम-सीता का प्रथम मिलन इस प्रकार हुआ तो सन्त तुलसीदास के राम और सीता का प्रथम मिलन पुष्पवाटिका में होता है। कवि कम्बन के अनुसार 'अण्णलुम नोक्किनान अवळुम नोक्किनाळ।' सुन्दर श्रीराम और सुन्दरी सीता की आँखें चार हो जाती हैं। ऐसे मिलते ही दोनों के हृदय जुड़ जाते हैं।

3.1.2 मणिमंडप में सीता देवी का प्रवेश : माता जानकी मणिमण्डप में प्रवेश करती हैं। वहाँ जमे हुए सब राजाओं को वह दर्शन देती हैं। तारे जैसे अपनी सखियों के बीच पूर्ण चन्द्र की तरह स्वर्ण जैसे शोभायमान, फूलों की सुगन्धित से जानकी मोतियों से अलंकृत अपने पिताजी जनक के मणिमंडप में चलकर आती हैं। जब वह अपने सुन्दर चरण पृथ्वी पर रखती हैं तब उसके नूपुर में लगे अमूल्य रत्नों की ज्योति पृथ्वी पर प्रतिबिम्ब हो रही है। यह ऐसा जान पड़ता है मानो उसकी माँ पृथ्वी अपनी बेटी के लिए धरती पर चिकने आम के पत्ते बिछा रखी हो।

अन्त में वह अपनी सहेलियों के साथ मणिमंडप के मध्य में श्रीराम के सामने आ पहुँचती हैं। श्रीराम ऐसे खड़े हैं कि अमृत पान करने के पिपासु इन्द्र अमृत भरे घड़े को देख लिया हो। जानकी भी अपनी दृष्टि नीची करके अपने गन्ध लेपित हाथ की चूड़ियों पर प्रतिबिम्बित होने वाले श्रीराम के सौन्दर्य को अपनी आँखों से पी लेती है।

**''अन्नै जानकी वन्दाळे राजाति राजर अनैवर्कुम काट्चि तन्दाळे...
गन्दमलक्कै वळै ज्योतियिन्मेले रेण्टु कटैक्कण्
कोण्डु रामन वतिप्पंगळ कण्डुकोण्डु...''**

शादी के मंडप का वर्णन अतिसुन्दर है। राजपरिवार की शादी का क्या कहना?

3.1.3 श्रीराम परशुराम संवाद : शादी के बाद जब श्रीराम अयोध्या लौटते हैं तो रास्ते में परशुराम उन्हें रोकते हैं। दोनों के बीच का संवाद देखते ही बनता है।

परशुराम श्रीराम को आशीर्वाद देते हैं तो श्रीराम उन्हें प्रणाम करते हैं। परशुराम पूछते हैं कि ताड़का जो स्त्री थी उसे मारना न्यायपूर्ण कार्य था क्या? तो श्रीराम पूछते हैं, अपनी ही माँ की जो हत्या तुमने की वह कहाँ तक ठीक है? परशुराम अपने पित्राज्ञा का पालन करते हैं तो श्रीराम अपने

गुरु की आज्ञा का पालन कह देते हैं। परशुराम ललकारते हैं कि जीर्ण धनुष को तोड़कर अभिमान न करो। उस धनुष को तोड़ा न? अब मेरे इस धनुष को आमादा करो, देखें; श्रीराम तुरन्त धनुष पर बाण चढ़ाकर लक्ष्य बताने को कहते हैं तो अब कई लक्ष्य नहीं, कृपया अनुग्रह करो। मैं अपने जप-तप आदि को तुम्हें समर्पित कर देता हूँ, कहकर वापस जाने के लिए तैयार हो जाते हैं। श्रीराम 'जिस रास्ते से आया उसी रास्ते से भाग जाना ही तुम्हारे लिए अच्छा है' कहकर परशुराम को जाने देते हैं।

"मण्णिल अरशर पोल तोन्टुकिराये आशीर्वादम रघुरामा...
ओडिप्पोवते नल्लमार्गम परशुरामा।"

3.2 अयोध्याकांड

3.2.1 कैकेयी के पास मन्थरा का आगमन : राजा दशरथ श्रीराम के पट्टाभिषेक करने का निर्णय लेते हैं तो अयोध्या की प्रजा बहुत आनन्दित होती है। परन्तु मँझली रानी कैकेयी की सहेली और दासी मन्थरा इससे विचलित होती है। वह कैकेयी के पास आती है।

अरुणाचल कविराज मन्थरा के आगमन को 'कुबड़ा आयी, दुष्टा कुबड़ा आई। जरा बाधित सफ़ेद बालवाली कुबड़ा श्रीराम से बदला लेने के उद्देश्य से आयी। उसका कार्य इन्द्रादि देवों के लिए वर है तो रावणादि के लिए शाप है।' कवि उसे कुलनाशिनी (कुडिकेडी) ही कहते हैं।

"कूनि वन्दाळे पोल्लात कूनि वन्दाळे"

जब वह पट्टाभिषेक का सन्देश देती है तो तुरन्त कैकेयी उसको इनाम देती है। मन्थरा उनके मन में विष घोलने का प्रयत्न करती है तो कैकेयी कहती है, राम को राजा मुकुटाभिषेक करते हैं तो उससे भलाई ही होगी। मेरे लिए भरत मिश्री और मेरा बैट राम विषमुष्टि (कुचिला) है क्या? तुम्हारी बातों में आने के लिए क्या मैं बेवकूफ हूँ? आगे कुछ बोलोगी तो तुम्हें मार दूँगी।

"रामनुक्के मन्नन तुरित्ताले नन्मैयुण्डोरुक्काले...
नान तानेन्न मट्टियो वेट्टिप्पोडुवेन उन्नै।"

परन्तु मन्थरा कैकेयी को दुरुपदेश देती रहती है। अन्ततः उसकी मन्त्रणा के वशीभूत कैकेयी दशरथ से पूर्वप्रदत्त दो वर माँगती है। दशरथ इसे श्रीराम से कहने में संकोच करते हैं। परन्तु कैकेयी भवन के अन्दर श्रीराम के घुसते ही स्वयं कह देती है कि,

"हे राम! तुम वन जाओ और चौदह साल तक वहीं तपस्या करो। भरत शासन करेगा। यह राजा की आज्ञा है।"

"ईरिषु वरुषम राम नी काट्टिल चेन्टु तवं चेय भरतन उलकै आळवान्
चेल एन्ट्रान दूतुवे वेन्दन चोल एन्ट्राले।"

3.2.2 वन गमन की तैयारी : इसके बाद स्थितप्रज्ञ श्रीराम अपनी माता कौसल्या से विदा लेते हैं और उन्हें सान्त्वना देते हैं। यह सब जानकर लक्ष्मण बहुत ही क्रोधित होता है। तब श्रीराम उसे शान्त करते हैं कि तुम्हें कैसे इतना क्रोध उमड़ आता है? ईख कड़वा है तो वह मुँह का दोष है; न कि ईख का। वैसे ही यह भाग्य का खेल है; न कि पिताजी का दोष।

"इत्तनै कोपमुम नल्लाय वन्दतु–एतडा तम्पि...
करुम्पु कचप्पतेल्लां वाय् कुट्रमे चरि
कालं चेयूत तल्लामल आर चेयूतार अरिहरि..."

उस समय लक्ष्मण भी राम के साथ जाने को तैयार होता है तो उसकी माँ सुमित्रा अपने बेटे

से कहती है, "तुम्हारी माता सीता, पिता श्रीराम और वन ही अयोध्या है।" 'ताये सीतै उन तकप्पन रामन इत्तलमे वनं अडा' कहकर बड़े भाई की आज्ञा का पालन करने को कहती है।

3.2.3 सीता की प्रतिक्रिया : इसके बाद श्रीराम अपनी पत्नी सीता से विदा लेने जाते हैं। सीता भी राम के साथ वन जाना चाहती है। श्रीराम कई ढंग से सीता को समझाते हैं कि उसका वन जाना ठीक नहीं। सीता भी कई तरह के वाद प्रस्तुत करती है। श्रीराम तैयार नहीं होते, तो वाल्मीकि की सीता गुस्से में आती है, अपना अधिकार माँगती है, वाद करती है और व्यंग्य कसते हुए कठोर शब्द कह देती है कि "आप मुझे वन ले जाने से डरते हैं। मेरे पिता मिथिलेश अपने दामाद के बारे में सोचेंगे कि वे पुरुष रूप की स्त्री हैं।"

सन्त तुलसी की सीता का संवाद वाल्मीकि के संवाद से बहुत ही कोमल है। तुलसी की सीता सौम्यभाव से प्रार्थना करती है। कहती है कि आपकी सेवा करने के लिए साथ आती हूँ।

परन्तु कम्बन की सीता "तुम्हारे मन में मेरे प्रति जरा-सा भी प्रेम है क्या? तुम मुझे छोड़कर जा रहे हो। मुझे इधर छोड़कर जाओगे तो यही मेरे लिए वन होगा" कहते हुए अन्दर जाकर वल्कल पहनकर ही आ जाती है और श्रीराम के पीछे जाकर उनका हाथ पकड़ लेती है।

अरुणाचल कविराज की सीता परेशान होती है, परन्तु वह अपने अधिकारों के बारे में जानती है और श्रीराम को उनके वादे को याद दिलाती है।

"हे नाथ! वनगमन करता हूँ कहने की हिम्मत आपको कैसे हुई? यह पृथ्वी भी इसे सहन न कर पायेगी। आपने ऐसी प्रतिज्ञा करके पाणिग्रहण किया कि जन्मजन्मान्तर तक मुझे न छोड़ेंगे। क्या आपका मन लोहे का बन गया?"

"एप्पडि मनं तुणिन्दतो? स्वामी
...इरुम्पु मनतु उण्टाच्चुतल्लवो।"

ऐसा मालूम पड़ता है कि वाल्मीकि के काल की नारियाँ (ईसा पूर्व) तुलसी के काल की नारियों से ज्यादा सबला और साहसी रही होंगी। अरुणाचल कविराज के काल, स्थान और संस्कृति एकदम अलग है। इस प्रकार सीता के चरित्र चित्रण से यह झलक मिलती है कि साहित्य समाज का दर्पण है।

3.2.4 प्रकृति का आस्वादन : अयोध्या से वन जाने के रास्ते में भीलराज गुह से मिलते हैं। वह उन्हें गंगा पार कराता है। वे चित्रकूट की तरफ जाते हैं। वहाँ श्रीराम, प्रकृति सौन्दर्य का आस्वादन स्वयं करने के साथ-साथ सीता से भी करवाते हैं। उनकी कल्पना में पशु-पक्षी भी तपस्वियों की सहायता करते हैं। इस अनोखे प्रकृति वर्णन का थोड़ा-सा आनन्द लें–

देखो मेरी प्यारी नारी! भाग्यवान जनक की पुत्री! हमारे सामने का यह चित्रकूट पर्वत, रत्न जैसे शोभायमान है। ऋषिमुनियों से वेदपाठ सुन-सुनकर तोते उसे वापस रटते हैं। चलते मेघ को हथिनी समझकर हाथी उसे पकड़ने का प्रयास करता है। काला सुअर मुनिजनों के ऊपर चढ़ने के लिए सीढ़ी जैसे लेटे रहते हैं। नदियाँ तपस्वियों के मार्गदर्शक जैसे बह रही हैं। बन्दर इधर-उधर दौड़ते लाँघते हैं। पशु-पक्षी निर्भीक होकर विचरण करते हैं। हाथी अपनी सूँड़ में पानी भरके तपस्वियों के कमंडलुओं को भरता है। गौरैये धान्य चुगकर तपस्वियों को लाकर देते हैं। मोर अपने पंख को पंखे जैसे बिछाकर यागाग्नि को हवा देते हैं। ब्राह्मणों के उपवीत के लिए बन्दर मकड़ी जाल के धागे ले जाकर देते हैं।

"पाराय पाराय पेण्णे पाक्किय जनकन कण्णे।...चिलन्तिनूलैक्कोण्टुपोय् कुरंगुकल कोडुप्पदुम।"

3.3 अरण्यकांड

3.3.1 श्रीराम-शूर्पणखा संवाद : श्रीराम, भाई और पत्नी के साथ चित्रकूट से दण्डकारण्य जाकर वहाँ दस साल तक ठहरते हैं। वहाँ से पंचवटी की ओर जाते हैं जहाँ रावण की छोटी बहन शूर्पणखा आती है। वह कामदेव समान सुन्दर राम के रूप सौन्दर्य से आकृष्ट होती है। कवि उसका वर्णन करते हैं कि, वह पाप करने वाली है और रावण के कुल को नाश करने वाली है।

''वन्दाळे शूर्पनकै मन्मथकोटि वटिवुळळ रामन मेल मयक्कमिकवे
...पावं चेय्युं निर्मूडि, रावणन कुडिकेडी''

वह राम से प्रणय प्रार्थना रखती है, तब उनके बीच का संवाद—

श्रीराम : तपस्वी से प्रणय प्रार्थना ठीक नहीं है।

शूर्पणखा : वसिष्ठ और अरुन्धति हैं न।

श्रीराम : आप लोग ब्राह्मण हैं और मैं क्षत्रिय हूँ।

शूर्पणखा : प्रेम के लिए कोई कुल नहीं है।

श्रीराम : मैं शादी कर लूँ तो आपके कुल के लोग मुझसे कैसा व्यवहार करेंगे?

शूर्पणखा : जैसे कार्तिकेय ने भीलनी वळळी से शादी की थी तो उसके कुलवालों ने कार्तिकेय से कैसा व्यवहार किया?

श्रीराम : मैं तपस्वी हूँ।

शूर्पणखा : तपस्वी, तपस्वी कहकर मुझे टालने का प्रयत्न न करें।

श्रीराम : एक पत्नी के रहते और एक की क्या आवश्यकता है?

शूर्पणखा : जैसे पेड़ को घेरने वाली लता उसे नहीं छोड़ती है वैसे ही मैं भी आपको न छोड़ूँगी।

श्रीराम : मेरे भाई के जानने से पहले यहाँ से भाग जाओ।

यहाँ कार्तिकेय को जोड़ना कविराज की मौलिकता है।

3.3.2 सीताहरण : रावण सीता को छुए बिना उसे पर्णशाला के साथ उठाता है। जबकि वाल्मीकि के अनुसार रावण सीता को बलपूर्वक उठा ले जाता है। सन्त तुलसी और मलयालम भाषा के आध्यात्म रामायण के रचयिता एषुत्तच्छन के अनुसार रावण द्वारा अपहरित सीता माया सीता ही है।

3.4 किष्किन्धा कांड

3.4.1 सुग्रीव द्वारा सान्त्वना : चिन्तित राम को सुग्रीव इस प्रकार धीरज बँधाते हैं कि क्यों दुखी होते हो? सीता देवी ब्रह्मांड के उस पार हों तो भी क्षण में आपके सामने ला देता हूँ।

''एतुक्कु इन्द विचारं...पोकुम पिरमाण्टम अप्पुरमुम पोय
सीतैयैक्कोण्डुवन्तु...क्षणत्तिले तरुकिरेन...।''

3.4.2 हुनमान को राम का आदेश : सीतान्वेषण के लिए वानरों को सभी दिशाओं में भेजा जाता है। हनुमान ही सीता से मिलेंगे, इस विश्वास के साथ उनको दक्षिण दिशा की ओर भेजते हैं। तब पहले पहल सीता से मिलते समय उसे हनुमान पर शंका न हो जाय इस उद्देश्य से श्रीराम हनुमान से कुछ विशेष घटनाओं का उल्लेख करके सीता को अपना परिचय देने की सलाह देते हैं। ''यदि वह तुम्हारा परिचय पूछे तो बताओ कि मैं उस राघव का दूत हूँ जो एक मुनि के माँगने के कारण उनके पीछे जाकर ताड़का को ताड़ के जैसे मार गिराना, भयंकर वन में साथ आने को मना करने पर सीता का काँपना और साथ ले जाने को तैयार होने पर धीरे से मुस्कराना, हिरण को पकड़ने को

कहना आदि के बारे में कहकर यह भी बताओ कि उस हिरण को पकड़ने के लिए तुमने जो बताया उसका दुष्परिणाम ही है यह।"

"नी उरैप्पाय हनुमाने!
...उन्नै यार एन विनविडिल राघवदूतन एन्टु
...नी उरैत्ततनाले वन्द विनैतान इतु।"

3.4.3 हनुमान को अपनी शक्ति की याद दिलाना : हनुमान, जाम्बवान आदि दक्षिण दिशा की ओर जाते हैं। समुद्रोल्लंघन की बात होती है। सेना के सभी वानर अपनी-अपनी शक्ति बताते हैं कि कौन-कौन कितनी दूरी पार कर सकते हैं, परन्तु हनुमान चुप रहते हैं क्योंकि हनुमान को एक शाप है कि वे अपनी शक्ति स्वयं नहीं जान सकते। जाम्बवान उनकी शक्ति की याद दिलाकर उन्हें प्रेरणा देते हैं।

"बचपन में आपने सूरज के रथ को डगमगा दिया। वज्रायुद्ध भी आपको हानि नहीं पहुँचा सकता। आपमें इतनी शक्ति है कि अपनी पूँछ से ही आप लंका राज्य को खींचें तो वह आपके पास आ जाएगा। श्रीराम ने अपनी अँगूठी आपके ही हाथों सौंपी। इतनी महिमायुक्त आप ही इस काम में सिद्धि पा सकते हैं।"

"एतुकाणुम अरिन्दुम अरियार पोल इरुक्किरीर आंजनेयरे!...उरैप्पतेन उपचारमे।"

इससे प्रेरणा पाकर हनुमान सागर लंघन करने के लिए तैयार हो जाते हैं।

3.5 सुन्दरकांड

3.5.1 सीता दर्शन : हनुमान राम का ध्यान करते हुए महेन्द्र पर्वत से गगन मार्ग से लंकापुरी की ओर उड़ते हैं। वहाँ पहुँचकर हनुमान सीता देवी को सब जगह ढूँढ़ते हैं। अन्त में अशोकवन पहुँचते हैं। वहाँ पेड़ पर बैठकर नीचे सीतादेवी को देखते हैं। जब सीतादेवी आत्महत्या करने का प्रयत्न करती हैं तब हनुमान सीता के सामने आकर प्रणाम करते हैं और कहते हैं कि, "दशरथ पुत्र राम का दूत हूँ मैं। मेरा नाम हनुमान है। जो कहा गया है उसे कहने आया हूँ।"

"दशरथ रामन दूतन नाने। एंगेंगुम तेडिनेन। अनुमान एन पेर।
चोन्नपडि चोल्लवन्देने...."

जंगल में घटी घटनाओं और सीता के बिछुड़ने के बाद जो बातें हुईं उनका वर्णन करने के बाद श्री राम की अँगूठी का समर्पण करते हैं। सीता आनन्दित होती है। सीता जी से चूडामणि प्राप्त कर लेते हैं।

3.5.2 लंकादहन : हनुमान को इन्द्रजीत ब्रह्मास्त्र से बाँधकर रावण के सामने ले जाते हैं तो रावण पूछता है—"अरे वानर तुम कौन हो?" "अटे वानरा नी आरडा।" तुरन्त हनुमान बिना किसी संकोच के उसी प्रकार उत्तर देते हैं, "अरे मैं स्वामी राम का दूत हूँ। अरे रावण।" "रामसामि दूतन नानडा अडडा रावण।"

हनुमान को मृत्युदंड देने का निर्णय होता है तो विभीषण कहते हैं कि "दूतों का वध करना उचित नहीं।" तब हनुमान की पूँछ पर आग लगा दी जाती है। इसे जानकर सीतादेवी अग्नि भगवान से प्रार्थना करती हैं कि "हे अग्नि भगवन् हनुमान को पीड़ा न पहुँचाओ।...यदि मैं पतिव्रताओं में श्रेष्ठ पतिव्रता हूँ तो (अग्नि भगवन्) तुम्हारे मित्र (वायु) का प्रिय पुत्र है न यह? केवल इसकी पूँछ में तुम फूल जैसे शीतल बने रहो।"

''अंक्किन पकवाने वरुत्ताते अनुमानै नी ताने

...मलर पोल इरुप्पाय।''

लंका दहन के बाद श्रीराम के पास पहुँचकर हनुमान देवी सीता से मिलने का सन्देश देते हैं। श्रीराम बहुत ही आनन्दित होते हैं।

3.6 युद्धकांड

3.6.1 विभीषण का उपदेश–रावण का क्रोध : हनुमान के वापस जाने के बाद रावण अपने मन्त्रियों और भाइयों को बुलाकर सलाह मशविरा करता है। मन्त्री लोग और इन्द्रजीत युद्ध का समर्थन करते हैं। कुम्भकर्ण सीता को छोड़ देने की सलाह देता है। तब विभीषण भी कहते हैं, ''सीता को राम के पास पहुँचा दें। नहीं तो आपका नाश होगा।'' इससे रावण क्रोधित होकर कहता है कि, ''बस करो अपने उपदेश को। जैसे हिरण्य के बेटे ने उसे मरवा दिया वैसे ही तुम मुझे मरवाने पर तुले हो। अभी तुम मेरे सामने से हट जाओ।''

''पोतुम पोतुम अन्द बुद्धि विभीषणा...इनि एन मुन निल्लाते।''

रावण के कथन से आहत विभीषण ''मैं जो कहता हूँ वह होके रहेगा।'' ''अण्णे एनतु वार्त्तै आन्ट्रुमे पिशकातु।'' कहकर श्रीराम के पास जाता है और उनसे आश्रय माँगता है।

3.6.2 विभीषण शरणागति : श्रीराम लक्ष्मण, सुग्रीव आदि के साथ सलाह मशविरा करते हैं कि उसे स्वीकारना है या नहीं। हनुमान उसे शरण देने की सलाह देते हैं। परन्तु सुग्रीव जैसे लोग उसे शरण देने में आपत्ति जताते हैं तो श्रीराम कहते हैं कि ''शरण, शरण कहने वाले की रक्षा न करूँ तो मैं तृण तुल्य हो जाऊँगा। राक्षस होने पर भी मुँह खोलकर उसने राघव नाम लिया है। मैं रविकुल में जन्म लिया हूँ। दण्डकारण्य के सन्तों से मैंने प्रतिज्ञा की है। यह किसी दुःख से पीड़ित होकर आया है। वह हमारे शत्रु रावण का भाई है तो भी हमारे शरण में आया है। मार्कण्डेय ने शरण माँगी तो शिवजी ने उसकी रक्षा की। हनुमान ने जो कहा वही सही है।'' कहते हुए अन्त में सुग्रीव से ही कहते हैं कि ''हे भलमानस, सुग्रीव तुम जाकर उसे बुला लाओ।'' शरणागति तत्त्व की संकल्पना वैष्णव परम्परा का बहुत ही महत्त्वपूर्ण अंश है। रामनाटक इसे सुन्दर ढंग से चित्रित करता है।

''चरणम् चरणम् एन्ड्राने कावाते विट्टा तिरणम् अल्ल्वो नान्ताने...मारुति चोन्नते कारियम् अंगवन् वन्देनै मेव अळैत्तु वा नल्ल् चुक्रीवा।''

इस प्रकार शरण देने के खिलाफ बोलने वाले सुग्रीव को भलमानस सम्बोधित करते हुए उसको ही वह कार्य सौंपते हैं।

श्रीराम को विभीषण आँखें भर के, मन भर के दर्शन करता है और अंजलिबद्ध हाथ को सर के ऊपर रखकर प्रणाम करता है। श्रीराम के अवतार रहस्य और श्रीराम की महानताओं का वर्णन इस कीर्तन में किया गया है।

''रामनैक् कण्णारक् कण्डाने विभीषण कै मामुडिमेल वैत्तुक्कोण्डाने...दशरथ रामनै।''

श्रीराम विभीषण को शरण देते हैं और लंकापुरी राज्य उसी को देने का वादा करते हैं।

3.6.3 लंका पहुँचना, गुप्तचर द्वारा रावण को सन्देश देना : समुद्र पर सेतु बनाकर श्रीराम अपने सैन्य के साथ उस सेतु द्वारा समुद्र पार करके लंका पहुँचते हैं।

उस समय रावण का गुप्तचर शुक वहाँ आता है। विभीषण उसे पहचानकर राम के पास लाता है। श्रीराम उसके द्वारा रावण को सन्देश भेजते हैं कि ''हे गुप्तचर! रावण के पास जाकर बताओ

कि सम्पन्न अयोध्या के दशरथ महाराज का पुत्र, राक्षस कुलनाशक यहाँ आया है। धोखे से सीता को पकड़ लाने वाले तुम्हें और तुम्हारे पूरे वंश को नाश करने की क्षमता रखने वाला है वह।"

"चोन्नार श्रीरामन...यमनुलकेट्रिडुवेन एन्टुं।"

गुप्तचर द्वारा सन्देश पाकर रावण क्रोधित होता है और युद्ध की तैयारी करता है।

3.6.4 युद्ध : अगले दिन से राम की सेना और राक्षसों के बीच युद्ध का आरम्भ हुआ। इस युद्ध में किले के रक्षक राक्षस मारे जाते हैं। रावण, अपने भाई कुम्भकर्ण को नींद से जगवाते हैं। जब कुम्भकर्ण सीता को छोड़ देने की सलाह फिर से देता है तो रावण कहता है कि "जाकर नरों और वानरों को प्रणाम करो।"

"कुरंगैयुं मानिडरैयुं कुंबिडु पो।"

लाचार कुम्भकर्ण युद्ध क्षेत्र में प्रवेश करता है और अन्त में मारा जाता है। उसके पीछे अतिकाय, इन्द्रजीत आदि की भी वही हालत होती है। श्रीराम की सेना रावण के मूलबल सैन्य को पूर्ण रूप से नष्ट कर देती है तो स्वयं रावण रथ पर चढ़कर युद्ध के क्षेत्र में प्रवेश करता है।

राम-रावण युद्ध दो पर्वत या दो समुद्र के बीच के मुकाबले के जैसे लगता है। अन्त में श्रीराम रावण का संहार कर देते हैं।

3.6.5 सीता का अग्नि प्रवेश : विभीषण की प्रार्थना से सीता देवी श्रीराम के सामने आती हैं, श्रीराम को प्रणाम करती हैं और अपनी गलती के लिए क्षमायाचना करती हैं। श्रीराम के इशारे से लक्ष्मण चिता प्रज्वलित करता है। बिना कुछ बोले, हाथ ऊपर रखकर प्रणाम करते हुए देवर से तैयार की गयी चिता में सीता प्रवेश करती है।

तुरन्त अग्निदेव सीता को हाथ में लेकर आते हैं और श्रीराम से कहते हैं कि मैंने क्या गलती की? पतिव्रताा सीता को अग्नि में प्रवेश कराके सबको जलाने वाले मुझे इसके पातिव्रत्य अग्नि से जला दिया।

"एन्न पिषैकळ चेयदेन सामी...
एतोरु पोरुळैयुं चुडुवतेनतु चेन्मम एन्नैयुं चुट्टतिन्त अन्नै पत्तिनितन्मं।"

इस सन्दर्भ में अरुणाचल कविराज की सीता श्रीराम के इशारे से ही अग्निप्रवेश करती है। परन्तु महर्षि वाल्मीकि की सीता, महाकवि कम्बन की सीता श्रीराम के इस व्यवहार से उत्तेजित होती है। सन्त तुलसी के अनुसार रावण द्वारा अपहरित सीता तो माया सीता ही है।

3.6.6 हनुमान द्वारा भरत को सन्देश, श्रीराम की वापसी : पुष्पकविमान से अयोध्या के प्रति लौटते समय श्रीराम, सीता देवी को घटित घटनाओं का वर्णन करते हुए उन जगहों को दिखाते हैं। बीच में भरद्वाज आश्रम पड़ता है तो सभी वहाँ उतरते हैं।

भरद्वाज महर्षि उनको प्रीतिभोज देना चाहते हैं। तब श्रीराम अपने छोटे भाई भरत के बारे में सोचकर चिन्तित होते हैं और तुरन्त हनुमान के हाथों अपनी अँगूठी देकर अपने आने का सन्देश भेजते हैं।

इसी बीच नन्दिग्राम में अग्निप्रवेश करने को तैयार भरत को कौसल्या देवी रोक ही रही थी कि श्रीराम द्वारा भेजे गये हनुमान आकर सन्देश देते हैं कि "हे भरत, श्री रामचन्द्र आ रहे हैं। उन्होंने अँगूठी भी भेजी है। अग्निप्रवेश मत करो।"

"वन्दान वन्दान भरता रघुरामन...तन्दान तन्दान मोतिरं...इन्दा इन्दा तीयिनिल मुन्दाते।"

वापस भरद्वाज आश्रम आए हनुमान को श्रीराम अपने साथ भोजन करने के लिए बुलाते हैं।

"हे हनुमान मेरे साथ भोजन करने आओ।"

भरत को सान्त्वना देकर मुझे भी सन्देश देनेवाले 'हनुमान' सम्बोधित करते हुए किष्किन्धा में पहले मिलन से लेकर अब भरत को सन्देश वापस आने तक जो-जो उपकार उन्होंने किया, उन सब का वर्णन करते हैं श्रीराम।

"वा वा अनुमाने...चन्तोष वार्त्तैकोण्डु समयत्तिल वन्दाए।"

सीतादेवी, लक्ष्मण, विभीषण आदि के साथ श्रीराम नन्दिग्राम पहुँचते हैं।

4. पट्टाभिषेक

भरत, श्रीराम के पट्टाभिषेक की सभी व्यवस्थाएँ कर देता है। पट्टाभिषेक के लिए कई देशों से राजा, महाराजा पधारते हैं। पूरी अयोध्या सजाई जाती है। स्त्रियाँ मंगल आरती उतारने के लिए तैयार खड़ी होती हैं। पट्टाभिषेक के लिए भरत सोने और चाँदी से मंडप बनवाता है, उसे नवरत्नों और फूलों से सजाता है, मूँगे के स्तम्भ खड़ा करता है। पुखराज से मंच सजाकर उस पर माणिक से बने सिंहासन रखवा देता है। देखनेवालों को शंका हो जाती है कि यह अयोध्या नगरी है या वैकुंठ?

श्रीराम और सीता देवी को भी सजाया जाता है। दोनों सुन्दर सिंहासन को अलंकृत करते हैं। देश विदेश के राजाओं, हनुमान, सुग्रीव, विभीषणादियों, अपने गुरुजनों, माताओं और भाई-बन्धुओं से घिरे श्रीराम पत्नी सीता के साथ हाथ में राजदण्ड धारण करके सत्य और नीतिपूर्ण राज्य शासन करने सिंहासन पर बैठते हैं। गुरु वसिष्ठ श्रीराम को राजमुकुट पहनाते हैं।

"चित्तिरमंडपं...पत्तिनि जानकियुडन उलकैयाळुंपडि कोण्डान मुडिकोण्डाने।"

5. मंगलकामना

"तीन देव और देवियाँ, महर्षि गण, यह कहानी पहले ही कहने वाले चार महर्षि, दशरथ और दशरथ की देवियाँ, दशरथ के चार पुत्र, उनकी पत्नियाँ, हनुमान, सभी विष्णुभक्त, यह कहानी पढ़ने वाले, सुनने वाले सभी लोग सम्पन्न रहें।" ऐसी मंगलकामना करते हैं।

अलग से श्रीराम की मंगलकामना भी करते हुए कविराज अपने रामनाटक काव्य को सम्पन्न करते हैं।

"श्री रामचन्द्रनुक्कु जय मंगळम् नल दिव्य मुक चन्द्रनुक्कु शुभ मंगलम्...
अयोत्यावासनुक्कु...।" (श्रीराम)

तमिल कम्ब रामायण

श्रीमती (डॉ.) तंगम शेषन्

कम्बन-पूर्व तमिल राम-साहित्य

तमिल में महाकवि कम्बन से पूर्व कोई व्यवस्थित रूप से लिखित रामकाव्य नहीं मिलता। हाँ, विविध कथा-प्रसंगों के छिटपुट उल्लेख अवश्य मिलते हैं, जैसे बिड़ाल का रूप धारण कर इन्द्र का, अहल्या के पास से पलायन एवं गौतम के शाप से अहल्या का प्रस्तर बनना, रावण द्वारा कैलासोत्तोलन का असफ़ल प्रयास, यज्ञ में सहायता कर राम का विश्वामित्र सहित मिथिला प्रवेश; उसी समय सीता-रामदर्शन और परस्पर भावैक्य घटना आदि अनेक प्रसंग ये सारे उल्लेख पुराकालीन संगम कविता जैसे परिपाड़ल, कलित्तोगै, शिलप्पदिकारम्, पेरुम्कदै आदि प्राचीन तमिल ग्रन्थों में मिलते हैं। इस प्रकार यह निस्संकोच कहा जा सकता है कि रामकथा पर पहला व्यवस्थित और विस्तृत प्रयास महाकवि कम्बन ने ही किया और उसे पूर्णता तक पहुँचाया कि आगे कोई भी कवि उसके समतुल्य रामायण रचने का साहस न कर सका।

बारहवीं शताब्दी की इस रचना को पूर्ण करने में कवि को सात वर्ष लगे। कवि के आश्रयदाता शडैयप्प वळ्ळल नामक जमींदार के गाँव तिरुवेण्णैनल्लूर में प्रथम समापाठ—आजकल का विमोचन हुआ। महाकवि ने अपने ग्रन्थ के आधारभूत ग्रन्थों का उल्लेख निम्न पदों में स्वयं किया है।

देव पाडैयिनिक्क दै शेयदवर
मूवरानवर तम्मुळ मुन्दिया
नाविनारुरैयिन्यडि नान् तमिळप्
पाविनालिटुणर्त्तिय पम्बरो

(प्रस्तावना, पद कं. 10)

अर्थात् देवभाषा (संस्कृत) में राम कथा की रचना करने वाले तीन महानुभावों से प्रथम वाग्मी (महर्षि वाल्मीकि) की रचना के अनुसार ही मैंने तमिल पद्यों में यह काव्य रचा। इस प्रकार कम्ब रामायण का मुख्य उपजीव्य ग्रन्थ 'वाल्मीकि-रामायण' ही है। कवि का संस्कृत और तमिल काव्यों का अध्ययन बहुत गम्भीर एवं विस्तृत था। इसलिए परम्परा को दृष्टि में रखकर कम्बन ने जनकपुर-प्रवेश के समय राम, लक्ष्मण और विश्वामित्र का सीता के प्रासाद के सामने वाले मार्ग से होकर जाना दिखाया है। संयोग से सीता भी उस समय अपने प्रासाद के अलिन्द पर खड़ी थी कि अचानक सामने से जाते राम से उनकी दृष्टि मिली। दोनों ही तत्क्षण एक-दूसरे पर मुग्ध होकर एक-दूसरे की

छवि को अपने हृदयों में प्रतिष्ठित कर लेते हैं। कवि ने इसके बाद सीता और राम के पूर्वराग के अन्तर्गत विरह-दशा का बड़ा विस्तृत वर्णन किया है।

तमिल की साहित्यिक परम्परा और काव्य रूढ़ियों का अनुसरण करते हुए कम्बन ने जनकपुर में राम के 'वीथि-विहार' (नगर परिभ्रमण) के प्रसंग की भी उद्भावना की है। वास्तव में वीथि विहार तमिल काव्य की एक स्वतन्त्र विधा ही थी जिसे 'उला' कहते थे। इसमें शोभा यात्रा के रूप में नायक के नगर परिभ्रमण के समय उसकी सुन्दरता पर मुग्ध हो विविध अवस्थावाली पुरांगनाओं के उस पर कामासक्त होने के अतिरंजित वर्णन रहता था। कम्बन ने इस स्वतन्त्र काव्य रूढ़ि को अपने महाकाव्य में एक पूरे पटल के रूप में नियोजित किया है।

शूर्पणखा-प्रसंग में कम्बन ने अपनी मौलिकता का विशेष परिचय दिया है। उनका यह वर्णन वाल्मीकि और तुलसी की तुलना में राम और लक्ष्मण के गौरव की अधिक रक्षा करता है। कम्बन ने आरम्भ में शूर्पणखा के रूप सौन्दर्य का बड़ा ही दिव्य वर्णन किया है। वह राम के सम्मुख सीता और लक्ष्मण की अनुपस्थिति में जाकर उनसे प्रणय-निवेदन करती है। राम द्वारा अस्वीकृत किये जाने पर वह उस समय चली जाती है और सारी रात विरह में छटपटाती है। वह सोचती है कि राम की उसके प्रति उपेक्षा का कारण सीता है। इसलिए वह अगले दिन प्रातः सीता को उड़ा ले जाने के विचार से राम के आश्रम पहुँचती है। उस समय राम गोदावरी तट पर सन्ध्योपासना के लिए गये थे किन्तु लक्ष्मण वृक्षों के झुरमुट में छिपे सीता की देखभाल कर रहे थे। शूर्पणखा ने लक्ष्मण को नहीं देखा और वह तत्काल सीता की ओर झपटी, लक्ष्मण शीघ्रतापूर्वक बीच में आकर उसके केश पकड़ उस पर पदाघात करते हैं। इस पर कुपित हो वह लक्ष्मण को ही उड़ा ले जाने का प्रयास करती है। फलतः लक्ष्मण उसके नाक-कान और चूचक काट लेते हैं। इस प्रकार लक्ष्मण का शूर्पणखा पर प्रहार आत्मरक्षा से प्रेरित था जिसके लिए उनको दोष नहीं दिया जा सकता। राम इस चित्र में कहीं आते ही नहीं।

रावण द्वारा सीताहरण के प्रसंग में भी कम्बन ने महत्त्वपूर्ण संशोधन किया है। उनका रावण सीता का समर्थन कर उन्हें उनकी पर्णकुटी सहित उठाकर ले जाता है। सुन्दर काण्ड में सीता हनुमान को अशोकवाटिका में यथावत् स्थित उस पर्णकुटी को दिखाती है। कई विद्वान इसे कम्बन की मौलिक उद्भावना मानते हैं। पर वस्तुतः कम्बन को इसका मूल 'अध्यात्म रामायण' में मिला। रावण ने सीता के पैरों तले की भूमि को नखों से विदीर्ण कर हाथों में उठा लिया और भूमि सहित सीता को रथ में डाल तुरन्त आकाशमार्ग से चल पड़ा। कैलास को उठाने वाले रावण के लिए यह असम्भव नहीं था। इस प्रकार कम्ब रामायण के कथानक में अनेक मौलिकताएँ और विशिष्टताएँ मिलती हैं।

चरित्र चित्रण की दृष्टि से

वाल्मीकि के राम आदर्श मानव हैं, मर्यादा पुरुषोत्तम हैं जबकि तुलसी के राम साक्षात ब्रह्म हैं। कम्बन ने अपने राम को नारायण के और सीता को लक्ष्मी के अवतार के रूप में चित्रित किया है। उनमें तुलसी की अपेक्षा कहीं अधिक स्वाभाविकता है, क्योंकि तुलसी के सदृश यहाँ राम के परब्रह्मत्व या नारायणत्व की याद दिलाने का कोई प्रयास नहीं। राम मानव के सदृश सहज व्यवहार करते हैं और कहीं पर अपनी अलौकिकता या दिव्यशक्ति का प्रयोग नहीं करते। एक उदाहरण पर्याप्त होगा–

सीताहरण के उपरान्त राम साधारण मानव के समान असीम व्यथा से भर उठते हैं। उनके मुख

से वाणी नहीं निकलती, सिर चक्कर खाने लगता है। सारी पृथ्वी घूमती-सी प्रतीत होती है। शोक की आकस्मिकता से स्तम्भित होकर वे मूक रह जाते हैं। कुछ आगे चलकर सीता की रक्षा करने में घायल हुए जटायु को देख उनका आहत अभिमान और शोक इन शब्दों में प्रकट होता है–

"मेरी पत्नी के बन्दी हो जाने पर उसे मुक्त करने के लिए लड़ने वाले महिमामय तुम यों आहत हुए पड़े हो। तुमको मारने वाला वह शत्रु अभी जीवित है। दृढ़ धनुष और तीक्ष्ण शरों को ढोता हुआ मैं विशाल ठूँठ-सदृश व्यर्थ खड़ा हूँ।"

(कम्ब रामायण 3/8/185)

अपने द्वारा रक्षणीया पत्नी की रक्षा न कर पाने की लज्जा, कर्त्तव्य भाव से प्रेरित हो अबला की रक्षा में अपने प्राणों की आहुति देने वाले जटायु के प्रति असीम कृतज्ञता और शोक, इस घोर दुष्कर्म के कर्ता शत्रु को जीवित देख अपने तीव्र भाव द्वन्द्व को कवि ने थोड़े ही शब्दों में जिस कुशलता से अंकित कर दिया है वह देखते ही बनता है। यह है मानव राम की वाणी। कम्ब रामायण में सर्वत्र राम का यही मानव रूप अपनी सहजता में उकेरा मिलता है।

कम्ब रामायण के लक्ष्मण भी तुलसी के लक्ष्मण की अपेक्षा कुछ अधिक नीतिकुशल जान पड़ते हैं। वे माया-मृग को देखकर उसके लक्ष्यों से जान लेते हैं कि वह कपट मृग है और राम को उसके पीछे जाने से रोकते हैं। राक्षसों के चरित्र-चित्रण में भी कम्बन ने जिस सहानुभूति का परिचय दिया है, वह अन्यत्र विरल है। वे एक ओर यदि राक्षसों के दोषों की खुलकर आलोचना करते हैं, तो दूसरी ओर उनके मानवसुलभ भावों के चित्रण में भी पीछे नहीं रहते। इस प्रकार उनका वर्णन औरों की अपेक्षा कहीं अधिक सन्तुलित और स्वाभाविक है। सारांश यह कि कम्बन ने अपने पात्रों के चरित्र-चित्रण में भी पर्याप्त मौलिकता का परिचय दिया है।

युगीन चित्रण की दृष्टि से

कम्बन ने रामकथा को तमिल प्रदेश की संस्कृति के अनुकूल ढालकर उसे तमिल भाषियों की अपनी चीज बना दिया है। उसमें अपने युग की सामाजिक रीति-नीति, रहन-सहन, आमोद-प्रमोद, प्रसाधन, लोकजीवन एवं लोक विश्वास आदि का अच्छा परिचय मिलता है। यहाँ कुछ बातों का संकेत मात्र दिया जाता है–

भारतीय संस्कृति में अतिथि सत्कार का बहुत महत्त्व है। कम्बन ने भी इस पर बल दिया है। उनके अनुसार कृष्कगण खलिहान से धान को घर लाने से पहले दरिद्रों को दान देते थे। तमिलनाडु के तीन सर्वश्रेष्ठ फल–आम, केला और पका कटहल माने जाते हैं। दक्षिण में भोजनोपरान्त मट्ठा लेने की प्रथा सर्व सामान्य है। वहाँ बड़े लोगों के सामने दाहिने हाथ की हथेली मुँह के सामने रखकर बोलने की प्रथा थी, जिससे बड़ों को वक्ता के मुख की श्वास न लगे। यह बड़ों के प्रति सम्मान सूचक माना जाता था। तमिल में इसे 'वायुपुदैत्तल' (मुँह ढकना) कहते हैं।

कम्बन काल में राजा अथवा उनकी रानियों के चलते समय दास या दासियाँ उनकी स्तुति गाते हुए आगे-आगे पुष्पादि बिखेरते चलते थे। सीताजी के चलते समय उनकी सखियाँ ऐसा ही करती थीं। इसे तमिल में 'अडिपोट्रदल' (चरण-स्तुति) कहते थे।

तमिलनाडु में वरयात्रा में स्त्रियाँ भी सम्मिलित होती थीं। हिन्दी प्रदेश में ऐसी प्रथा न थी। अभी हाल में कुछ वर्षों से ही इसका प्रारम्भ हुआ है। दक्षिण में भवनों की पुताई के लिए शंख एवं सीप का चूना प्रयुक्त होता था जो अत्यधिक खेत, चिकना और टिकाऊ होता था। यहाँ संगीत और नृत्य का बहुत प्रचलन था और आज भी है। कम्बन ने इन दोनों कलाओं का बार-बार उल्लेख किया है।

कम्ब रामायण में तत्कालीन क्रीडा विनोदों का भी अच्छा परिचय मिलता है। जनता मेढों, मुर्गों एवं भैंसों की लड़ाई में रुचि लेती थी। इसके लिए उन्हें प्रशिक्षित किया जाता था। बालिकाएँ एवं युवतियाँ कंदुक-क्रीडा में सोत्साह भाग लेती थीं। स्त्री और पुरुष गोल गोटों से पासे खेलते थे। स्त्रियाँ कऴंजु नामक फल के बीजों से भी एक विशेष प्रकार का खेल खेलती थीं।

उत्सव के समय स्तभों को वस्त्रावृत्त किया जाता था। यात्रा के समय राजाओं के साथ राजघराने की महिलाएँ भी परदा-पड़ी शिबिकाओं पर आरूढ़ हो चलती थीं।

कम्बन ने स्त्री-पुरुषों के प्रसाधन का भी विस्तृत वर्णन किया है। सधवा स्त्रियों के लिए गले में मंगल सूत्र एवं केशों में पुष्प धारण अनिवार्य समझा जाता था। स्त्रियों के प्रिय आभूषणों माँगफूल (बेनीबिन्दा), मुक्ताहार, कंकण, मेखला, कलापम् (सोलह लड़ियों की तगड़ी) पायल, पायजेब, कुंडल आदि थे। वे हाथों में शंख की चूड़ियाँ भी पहनती थीं, जो बंगाल में बहुत प्रचलित है। दक्षिणी स्त्रियों को गहरे रंग के वस्त्र विशेष प्रिय हैं।

पुष्प मुख्यतः रत्नाहार, कुंडल एवं बाहुवळय धारण करते थे। विशिष्ट योद्धा एवं राजा अपने शौर्य के प्रतीक के रूप में दाहिने पैर में सोने का एक कड़ा धारण करते थे जिसे 'कळल्' या 'वीरक्कळल' (पाद वळय या वीरपादाभरण) कहते थे।

हिन्दी प्रदेश की तरह तमिल प्रदेश में भी शकुनापशकुन का विचार होता था। कम्बन ने इसकी सूची दी है। दृष्टिदोष (नज़र लगना) माना जाता था और उसके परिहार की विशिष्ट तमिल पद्धति आज भी प्रचलित है। भात, केसर और चूना मिश्रित जल से अथवा केवल लाल भात मिश्रित जल में आरती उतारकर नज़र उतारी जाती थी। कम्बन ने सखियों द्वारा सीता की नज़र उतारे जाने के प्रसंग में इसका उल्लेख किया है।

प्रत्येक भाषा का कवि अपने प्रदेश के परिवेश की दृष्टि से कुछ विशिष्ट उपमानों का प्रयोग करता है जो अन्य प्रदेशों में नहीं मिलते। कम्बन ने भी ऐसे अनेक उपमानों का प्रयोग किया है जिनका सम्बन्ध प्राचीन तमिल साहित्यिक परम्परा, तमिलनाडु की भौगोलिक एवं सामाजिक परिस्थिति तथा वहाँ की वनस्पति एवं पशु-पक्षी आदि से है। इस प्रकार के उपमानों की संख्या बहुत अधिक है। यहाँ सौन्दर्य के वर्णन में प्रयुक्त कुछ विशिष्ट उपमानों का उल्लेख किया जाता है। सुन्दरियों के केशों को कम्बन ने पके अमलतास या फाली बालू के सदृश, रक्ताधरों को पक्व बिम्ब के अतिरिक्त पलाश पुष्प के सदृश कंठ को सुपारी वृक्ष के तने के सदृश, उन्नत उरोजों को पके नारियल सदृश स्तनद्वय को चक्रवाक मिथुन सदृश, उदर वट्पक्ष सदृश्य, नितम्बों को रथ के मध्य भाग जहाँ रथी बैठता है सदृश, अथवा सर्पकण सदृश, भुजाओं को हरे बाँस के सदृश बताया है। नेत्रों को कम्बन ने आम के टिकोरे (कच्ची अम्बिया) या आम की फाँक जैसा बताया है। यह उपमान बंगला में बहु प्रयुक्त है।

कम्ब रामायण का तमिल समाज पर प्रभाव

खेद है कि महाकवि कम्बन को अपने काल में यथोचित आदर प्राप्त न हुआ। इसका एक कारण तो यह है कि उनके समकालीन चोलन रेश कट्टर शैव थे और कम्बन थे वैष्णव। वह युग धार्मिक सहिष्णुता का युग न था, इसलिए कम्बन ने भी चोल राज दरबार से कोई विशेष अपेक्षा न रखी।

दूसरी ओर वैष्णवों ने भी कम्बन की उपेक्षा की; क्योंकि उन्हें कम्ब रामायण में उस कट्टर साम्प्रदायिकता के दर्शन न हुए जिसके वे अभ्यस्त थे। कम्बन वास्तव में बड़े उदार और मानवतावादी

कवि थे। फलतः उन्होंने कहीं शिव-निन्दा न की, बल्कि शिव का सर्वत्र आदरपूर्वक उल्लेख किया।

जन साधारण में कम्ब रामायण अधिक प्रचिलत न हो सकी; क्योंकि महाकाव्य होने के कारण उसकी भाषा-शैली उच्च कोटि (high poetry) की थी। उसका विशाल आकार जन साधारण के लिए बोधगम्य न था।

सन्दर्भ ग्रन्थ

1. कम्बनकृत रामायण एवं रामचरितमानस : तुलना
2. कम्बन और तुलसी के नारी पात्र : तुलना

□□

लेखक सम्पर्क-सूत्र

1. **डॉ. एम. शेषन्** : 'गुरुकृपा', प्लाट नं. 790, रामस्वामी सालै, के.के. नगर, चेन्नई-600078, फोन : 044-23663425, मोबाइल : 09444763055

2. **श्रीमती डॉ. तंगम शेषन्** :

3. **डॉ. वी. जयलक्ष्मी** : असिस्टेंट प्रोफेसर, हिन्दी, मद्रास क्रिश्चियन कॉलेज, ताम्बरम, चेन्नै-600059, ई.मेल : mathurajaya@gmail.com, मोबाइल : 09445181971, 04422770999

4. **डॉ. वसुदेवन 'शेष'** : जी 4, अक्षय फ्लैट, 53 ट्रेस्पा स्ट्रीट ट्रिपलिकेन, आई.सी.ई. हाउस, चैन्नै-600005

5. **डॉ. राजलक्ष्मी कृष्णन** : 23ए, लैवेन्डर अपार्टमेंट, मुनुस्वामी स्ट्रीट, विरुगम्बाकम, चेन्नै–600092, मोबाइल : 9840041576

6. **के. सुलोचना** : अनुग्रह अपार्टमेंट बी-ब्लॉक, 2दक फ्लोर, न. 22, जकारिया कॉलोनी, मेन रोड, चेन्नै–600094

7. **श्रीमती डॉ. के. चेल्लम्** :

8. **श्रीमती अलमेलु कृष्णन** :